Wolfgang Wertenbroch

Umwelt & Gesellschaft

Sozialgeografie

Der Mensch verändert das Gesicht der Erde

Wohnen, Arbeiten, am Verkehr teilnehmen, sich bilden, sich versorgen, sich erholen

67 Kopiervorlagen

Lernen mit Erfolg
KOHL VERLAG
Der Verlag mit dem Baum
www.kohlverlag.de

Sozialgeografie

Der Mensch verändert das Gesicht der Erde

1. Auflage 2011

Inhalt: Wolfgang Wertenbroch
Redaktion, Grafik & Satz: Kohl-Verlag / Eva-Maria Noack
Druck: Stückle Druck und Verlag, Ettenheim

Bestell-Nr. 11 021

ISBN: 978-3-86632-251-6

Inhaltsverzeichnis

Sozialgeografie – Der Mensch verändert das Gesicht der Erde - Bestell-Nr. 11 021
KOHL VERLAG Der Verlag mit dem Baum
www.kohlverlag.de

Einleitung

Liebe Kolleginnen und Kollegen,

das ist es, was wir wollen!

Um die vielfältigen Informationen bewerten zu können, die uns täglich erreichen, müssen wir in der Lage sein, sie einzuordnen und zu verstehen. Es ist unsere Aufgabe, unsere Schüler* genau dazu zu befähigen:

Informationen einordnen – sie verstehen – das Verstandene bewerten – entsprechend handeln

Bei dieser anspruchsvollen Aufgabe helfen uns die Erdkunde und die Geschichte. Mit den hier vorgelegten Arbeitsblättern lernen Ihre Schüler den **Umgang mit Atlaskarten** und den **Einstieg in die Sozialgeografie**.

So werden sie am ehesten in die Lage versetzt werden, sich den oben angesprochenen Zielen zu nähern.

Fächer lassen sich verbinden: Erdkunde und Geschichte

Viel zu oft wird ein „Stoff" ganz isoliert gelehrt und gelernt. So lernen die Schüler, dass New York die größte Stadt der USA ist. An diese Information sollen sie sich bei Bedarf erinnern. Lernen und erinnern gelingt jedoch nachweislich besser, wenn Informationen in interessierenden Zusammenhängen angeboten werden: New York hieß früher Neu-Amsterdam. Es war die Hauptstadt von Neu-Niederland, einem Gebiet in den heutigen Staaten New York und New Jersey. Neu-Amsterdam wurde 1664 vom Herzog von York (später König Jakob II. von England) in Besitz genommen und in New York umbenannt.

Das alles soll nicht gelernt werden. An diesem Beispiel sollte nur gezeigt werden, dass erdkundliche Sachverhalte wie Siedlungen und ihre Namen eine oft unbekannte, aber interessante Geschichte haben.

Diese Geschichte ist nicht die Erdgeschichte, die auf ungeheuren Kräften beruht, welche das Bild der Erde gestaltet haben. Dieses Geschehen ist nicht nur Vergangenheit, die Wirkung der gestaltenden Kräfte hält an und besteht heute und morgen: Vulkane brechen aus, gewaltige Fluten reißen Land ab, Kontinentalplatten stoßen aneinander und lassen Erdbeben entstehen.

Seitdem der Mensch die Erde betrat, hier lebte, wohnte und arbeitete, wird das Bild der Erde wiederum verändert. Wo riesige Wälder standen, entstehen ebenso riesige Pflanzungen. Der Mensch gewinnt neues Land hinzu, oder er baut Kanäle, die Meere miteinander verbinden.

Seit dem Beginn der Industrialisierung trägt der Mensch zur Klimaveränderung bei, indem er große und gefährliche Mengen von Treibhausgasen produziert.

Sozialgeografie – Der Mensch verändert das Gesicht der Erde - Bestell-Nr. 11 021
KOHL VERLAG Der Verlag mit dem Baum
www.kohlverlag.de

Einleitung

Als Folge davon erleben wir eine globale Erwärmung oder die weitere Ausdehnung von Wüsten und größere Regenmengen. Wir rechnen mit dem Abschmelzen der riesigen Eismengen an den Polen, dem Ansteigen des Meeresspiegels und bedrohlichen Überschwemmungen.

Das alles ist **Thema der Sozialgeografie**, der Mensch wohnt, arbeitet, versorgt sich, nimmt am Verkehr teil und verändert so das Erscheinungsbild der Erde.

Und zum Schluss: Es ist ein altes Rezept, dass Lehrer* alle den Schülern vorgelegten Aufgaben erst einmal selber bearbeiten. So werden mögliche Probleme sichtbar und vermeidbar. Leider ist es einem Autor solcher Arbeitsblätter nicht möglich, die Schwierigkeiten Ihrer Schüler zu kennen – da sind Sie im Vorteil – wenn Sie vorweg gearbeitet haben.

Eine sinnvolle Ergänzung hierzu sind die ebenfalls im Kohl-Verlag erschienenen Lernwerkstätten „Feuer, Wasser, Erde und Luft“ *(Best.-Nr. 10 669)*, „Landwirtschaft früher und heute“ *(Best.-Nr. 10 789)*, „Klimawandel“ *(Best.-Nr. 10 812)* und „Erderwärmung“ *(Best.-Nr. 11 091)*.

Viel Erfolg bei einem interessanten Unterricht wünschen Ihnen und Ihren Schülern der Kohl-Verlag und

Wolfgang Wertenbroch

Mit den Schülern bzw. Lehrern sind im ganzen Heft selbstverständlich auch die Schülerinnen und Lehrerinnen gemeint!

Bedeutung der Symbole:

EA	**Einzelarbeit**
PA	**Partnerarbeit**
	Schreibe ins Heft/ in deinen Ordner
GA	**Arbeiten in kleinen Gruppen**
GA	**Arbeiten mit der ganzen Gruppe**

I. Die Erde im Netz

Der Äquator und die Breitenkreise

Die Erde wird auch als Kugel dargestellt. Das ist dann der Globus, der ein verkleinertes Abbild der Erde ist.

Für die nächsten Aufgaben brauchst du einen Globus und die Staatenkarte der Erde im Atlas.

Globus

EA

Aufgabe 1: **a)** *Sieh dir die Abbildung an und lies, was daran geschrieben steht.*

b) *Setze dann in den Lückentext passend ein:*

nördliche – Nordpol – Äquator – Erdhalbkugel – Südpol

Die Erde hat zwei Pole, den ____________________ und den ____________________. Wenn man die Entfernung zwischen den beiden Polen halbiert, hat man den „Gürtel“ der Erde. Dieser „Gürtel“ wird als ____________________ bezeichnet. Nördlich des Äquators befindet sich die ____________________ Erdhalbkugel. Südlich des Äquators befindet sich die südliche ____________________.

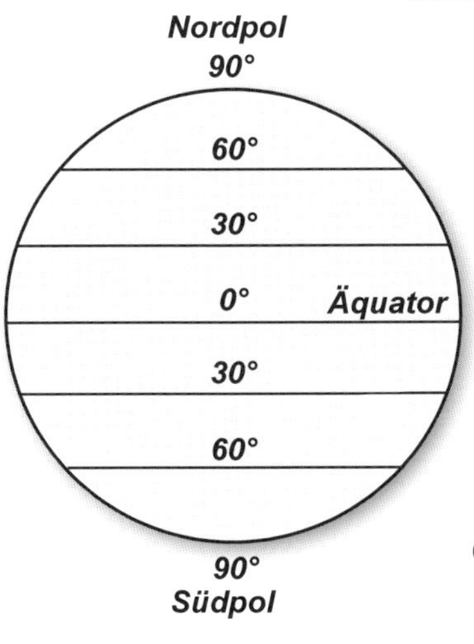

c) *Lies den Text im Kasten halblaut; dann prägt er sich besser ein. Sieh dir dazu die Abbildung links an.*

Der Äquator verläuft als Kreis (Breitenkreis) von 360° um die breiteste Stelle der Erde – aber nur auf dem Globus und auf Karten. Parallel zum Äquator verlaufen weitere Breitenkreise (Parallelkreise). Auf den meisten Karten werden die Breitenkreise als Breitengrade (z. B. 50°) gekennzeichnet.

Sozialgeografie – Der Mensch verändert das Gesicht der Erde - Bestell-Nr. 11 021
KOHL VERLAG Der Verlag mit dem Baum
www.kohlverlag.de

I. Die Erde im Netz

d) *Welche Breitenkreise siehst du auf der Abbildung nördlich des Äquators? Schreibe die Ziffern hier auf.*

e) *Die Breitenkreise südlich des Äquators haben die Ziffern:*

f) *Sieh auf der Staatenkarte „Erde“ im Atlas und auf dem Globus nach und schreibe 5 Staaten auf, die auf dem Äquator liegen.*

g) *Schreibe 5 Staaten auf, die auf dem 20. Breitenkreis nördlich des Äquators liegen.*

h) *Schreibe 5 Staaten auf, die auf dem 20. Breitenkreis südlich des Äquators liegen.*

i) *Wenn du 5 Staaten suchst, die auf dem 10. Breitenkreis südlich des Äquators liegen, musst du schätzen, wo dieser Breitenkreis verläuft.*

Sozialgeografie – Der Mensch verändert das Gesicht der Erde - Bestell-Nr. 11 021
KOHL VERLAG Der Verlag mit dem Baum
www.kohlverlag.de

I. Die Erde im Netz

j) *Schreibe 2 Staaten auf, die sich auf dem 50. Breitenkreis südlich des Äquators befinden.*

Die Ziffern der Breitenkreise findest du zweimal, einmal nördlich und einmal südlich des Äquators. Diese gleichnamigen Breitenkreise müssen unterschieden werden, damit man sich über die Lage von Staaten oder Landschaften verständigen kann.

k) *Suche im Atlas auf der Deutschlandkarte die Stadt Freiburg. Links am Rand der Karte ist der 48. Breitengrad angegeben. Welches Wort steht darunter, und welche Bedeutung könnte es haben?*

l) *Suche im Atlas auf der Karte Südostasien die Insel Timor. Auf welchem Breitenkreis liegt sie und wie erklärst du die Angabe dieses Breitengrades?*

Senkrecht zu den Längenkreisen und parallel zueinander verlaufen die Breitenkreise. Sie werden auch Parallelkreise genannt. Im Unterschied zu den Längenkreisen sind sie nicht gleich lang. Der längste Breitenkreis ist mit einem Umfang von etwa 40 000 Kilometer der Äquator. Vom Äquator zählen wir zu den Polen hin: 90 Kreise nördlicher Breite und südlich vom Äquator 90 Kreise südlicher Breite. Die Breitenkreise werden zu den Polen hin immer kleiner und schrumpfen an den Polen zu Punkten zusammen.

Sozialgeografie – Der Mensch verändert das Gesicht der Erde - Bestell-Nr. 11 021
KOHL VERLAG Der Verlag mit dem Baum
www.kohlverlag.de

I. Die Erde im Netz

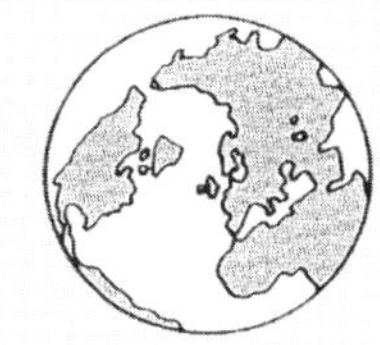

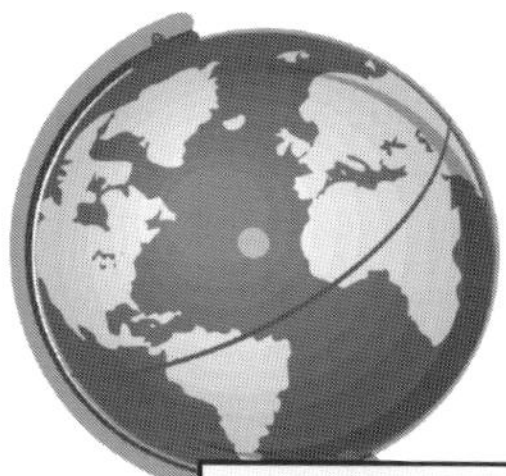

m) *Hier brauchst du die Staatenkarte der Erde im Atlas und das Begriffsregister. Im Register findest du die Namen der gesuchten Staaten. Hinter den Namen stehen Seitenangaben.*
Wenn du auf der entsprechenden Seite nachsiehst, kannst du die Lage der Staaten einordnen und die Tabelle unten vervollständigen.

Staaten	**nördlich des Äquators**	**südlich des Äquators**
Indien		
Mexiko		
Peru		
Madagaskar		
Japan		

n) *Suche auf der Deutschlandkarte „nördlicher Teil“ im Atlas die Stadt Bielefeld.*

o) *Du siehst, dass durch das Symbol für die Stadt (rot gezeichnet) eine dünne waagerechte Linie verläuft. Verfolge diese Linie nach links. Sie verläuft durch die Städte Münster und Arnheim.*
Und ganz links am Kartenrand steht eine Ziffer. Welche Ziffer ist hier angegeben?

____

____

p) *Was bedeutet die waagerechte Linie und was die Ziffer?*

____

____

____

Sozialgeografie – Der Mensch verändert das Gesicht der Erde - Bestell-Nr. 11 021
KOHL VERLAG Der Verlag mit dem Baum
www.kohlverlag.de

I. Die Erde im Netz

q) *Vervollständige zum Satz:*

Die Städte Bielefeld, Münster und Arnheim liegen auf ...

Nicht nur das von uns benutzte Kartenwerk ist ein Atlas. Es gibt auch ein Gebirge das Atlas heißt. Und in der griechischen Welt der Göttersagen war der Atlas ein Titan, ein riesenhafter Sohn aus einem Göttergeschlecht.
Weil er am Kampf gegen die olympischen Götter beteiligt war, wurde er von ihnen verurteilt, den Himmel zu tragen. Verbreitet und deshalb bekannt ist jedoch die Darstellung des Atlas als Träger des Erdballs.

r) *Und zum Schluss dieses Themas noch eine Tabelle.*

Orte	Breitengrade eintragen:	N oder S eintragen:
Karlsruhe		
Kairo		
Durban		
Nasik		
Valdivia		

Sozialgeografie – Der Mensch verändert das Gesicht der Erde - Bestell-Nr. 11 021
www.kohlverlag.de

I. Die Erde im Netz

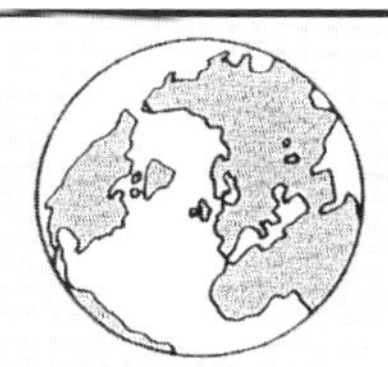

Die Pole und die Längenkreise

Den Globus überzieht ein Netz von Linien, die von Pol zu Pol verlaufen. Sie sind die Längenkreise, die auch als Längengrade bezeichnet werden.

EA

Aufgabe 2: **a)** *Suche mithilfe des Registers im Atlas auf der Deutschlandkarte die Stadt Saarbrücken. Welche Ziffer steht an der senkrechten Linie, die durch das Symbol der Stadt verläuft?*

____

b) *Du hast den Text oben gelesen und du kannst deshalb zum Satz vervollständigen:*

Die Stadt Saarbrücken liegt auf dem ...

____

Auf dem Globus sehen wir Linien, die sich in den geografischen Polen (Nordpol und Südpol) treffen. Diese Linien führen über die Pole und bilden also Kreise – die Längenkreise.
Es gibt insgesamt 180 Längenkreise.
Ein halber Längenkreis wird als Meridian bezeichnet. Der Name „Meridian" bedeutet „Mittaglinie". Das beruht auf der Tatsache, dass alle Orte, die auf demselben Meridian liegen, zur gleichen Zeit Mittag haben.

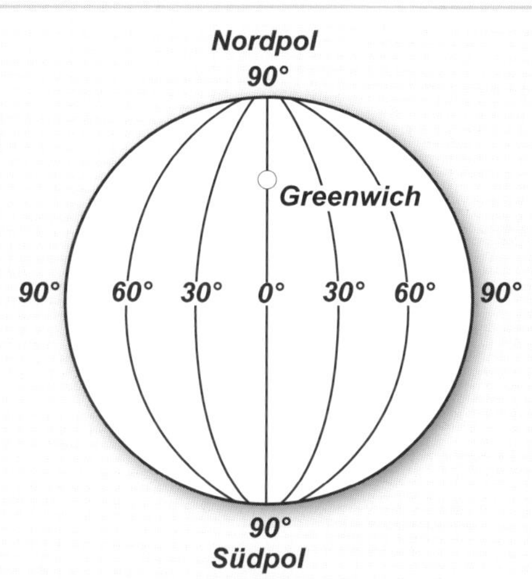

Nach internationaler Vereinbarung verläuft der Null-Meridian durch Greenwich, einem Vorort von London. Von dem Null-Meridian zählen wir ostwärts 180 Meridiane östlicher Länge (abgekürzt ö. L.) und westwärts 180 Meridiane westlicher Länge (w. L.).

Sozialgeografie – Der Mensch verändert das Gesicht der Erde - Bestell-Nr. 11 021
KOHL VERLAG Der Verlag mit dem Baum
www.kohlverlag.de

I. Die Erde im Netz

d) *Lies den Text zu „Längenkreise“ auf Seite11 sorgfältig und suche dabei auf dem Globus und auf der Karte „Erde“, was im Text angegeben ist: Nordpol, Südpol, Längenkreise und London.*

e) *Hannes schrieb in sein Heft: „Auf dem 60. Längengrad liegen die Staaten Brasilien, Paraguay, Argentinien und Iran.“*
Da ist Hannes ein Fehler unterlaufen, aber er kannte auch den Text von Seite 11 nicht. Korrigiere den Satz und schreibe ihn hier auf.

____

____

f) *Schreibe 5 Staaten auf, die auf dem 40. Längenkreis ö. L. liegen.*

____

g) *Welche Staaten findest du auf dem 40. Längengrad w. L.?*

____

h) *Bei den Längenkreisen gibt es einen Längenkreis mit der Bezeichnung Null.*
Schreibe 5 Staaten auf, die auf diesem Längenkreis liegen.

____

____

i) *Ergänze die Übersicht mit Gradangabe und Längenbezeichnung. Lies und sprich danach die vollständige Übersicht, z. B. „Mexiko liegt auf dem ... Grad ... Länge“. So lernst du auch die Sprechweise.*

Staat	**Grad**	**östl. oder westl. Länge abgekürzt**
Spanien		
Libyen		
Argentinien		
Mexiko		
Iran		

Sozialgeografie – Der Mensch verändert das Gesicht der Erde - Bestell-Nr. 11 021
KOHL VERLAG Der Verlag mit dem Baum
www.kohlverlag.de

II. Wir nutzen den Atlas

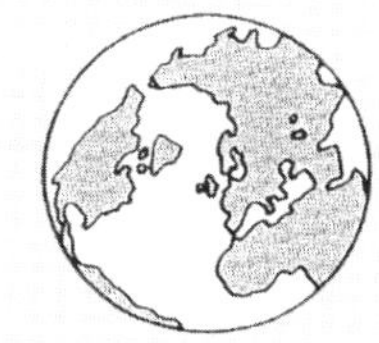

Wir müssen ständig sehen, hören, lesen, im Gedächtnis behalten – wir müssen uns informieren. Sonst können wir uns in unserer Welt nicht zurechtfinden. Wir könnten nicht erfolgreich leben. Sich informieren bedeutet auch, sich orientieren. Wir müssen wissen, wo wir uns aufhalten und wie wir andere Räume erreichen können. Als Fußgänger oder Radfahrer lernen wir Straßen und ihre Richtungen kennen.

Mit vielen Aufgaben hast du schon gelernt, dich im Atlas zu informieren, um dich orientieren zu können. Informiert hast du dich auch, indem du die Texte gelesen und ausgewertet hast.

Ein wichtiges Arbeitsmittel zur Information und Orientierung ist der Atlas. Hinten im Atlas befindet sich das Register. Hier findest du Städtenamen, Flussnamen oder die Namen der Berge, Inseln usw.. Hinter dem Namen stehen weitere Angaben.

Beispiel: Köln 20/21 B 3

In diesem Atlas findet man also den Namen der Stadt Köln auf den Seiten 20/21. Aber wo genau? Auf dem oberen und unteren Kartenrand sind rote Buchstaben (hier ist das B wichtig) angegeben. Am linken und rechten Kartenrand stehen rote Ziffern (hier ist die 3 wichtig). Man sucht zuerst am oberen Rand das B. Dann geht man mit dem Finger am linken Kartenrand hinunter bis zur 3. Die Linie des Buchstabens und die Linie der Ziffer bilden ein Feld. In diesem Feld ist das Symbol für eine Stadt abgebildet. Darin ist der Name Köln gedruckt.

EA

Aufgabe 1: **a)** *Du findest in jedem Atlas den Namen der Stadt Köln. Es kann aber sein, dass in deinem Atlas die Angaben im Register anders sind als oben angegeben. Ergänze mithilfe deines Atlas die fehlenden Angaben.*

Stadt/Insel/See	Vervollständigen	Seiten im Atlas	Buchstaben/Ziffern
Köln	St		
Berlin	St		
Stuttgart	St		
Steinhuder Meer	S		
Kummerower See	S		
Chiemsee	S		
Langeoog	I		
Rügen	I		
Norderney	I		

Sozialgeografie – Der Mensch verändert das Gesicht der Erde - Bestell-Nr. 11 021
KOHL VERLAG Der Verlag mit dem Baum
www.kohlverlag.de

II. Wir nutzen den Atlas

b) *Bei dieser Aufgabe sind die Angaben noch unvollständiger.*

Name	**Seiten im Atlas**	**Buchstaben/Ziffern**	**Höhe in Meter**
Brocken			
Großer Arber			
Großer Beerberg			

Nachdem du dein Handwerk gelernt hast, soll das Gelernte erweitert und angewandt werden. Manchmal findest du Angaben, die sich auf die Himmelsrichtungen beziehen: Stadt nordwestlich von Leipzig. Um solche Angaben finden zu können, musst du erst einmal verstehen, was „nordwestlich" bedeutet.
Du siehst hier die Abbildung einer Windrose, wie sie auch auf einem Kompass dargestellt ist. Mithilfe der Windrose können wir uns im Gelände und auf Landkarten/Atlaskarten orientieren.

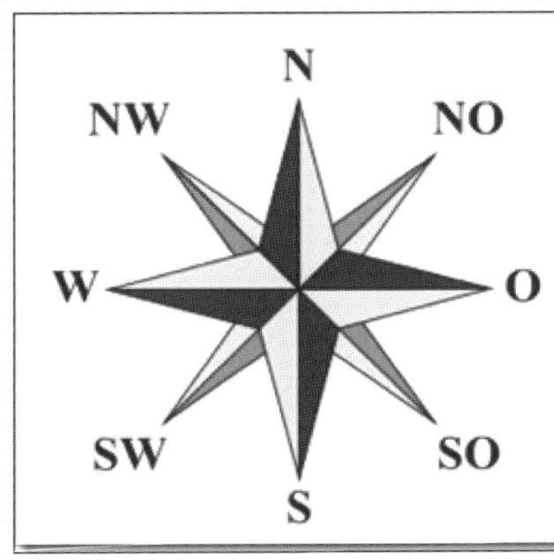

Die **vier Haupthimmelsrichtungen** werden mit **N** (Nord), **O** (Ost), **S** (Süd) und **W** (West) abgekürzt. **Norden** ist auf Landkarten immer oben, wenn es nicht anders angegeben wird. **Süden** ist die Gegenrichtung zu Norden. **Osten** ist die Drehrichtung der Erde um sich selbst und wird von uns als Sonnenaufgang gesehen. **Westen** ist die Richtung des Sonnenuntergangs.

EA

Aufgabe 2: **a)** *Du hast alles gelesen und verstanden. Lerne die Merksätze auswendig. Blicke dabei gleichzeitig auf die Abbildung der Windrose. Wenn du „Nie" sprichst, siehst du oben auf das N usw..*

- ***N**ie **o**hne **S**eife **w**aschen.*
- ***N**ie **o**hne **S**tiefel **w**andern.*
- *Im Osten geht die Sonne auf,*
  im Süden ist ihr Mittagslauf,
  im Westen wird sie untergeh´n,
  im Norden ist sie nie zu seh´n.

*Für genauere Angaben brauchst du die **vier Nebenhimmelsrichtungen**: Nordost – Südost – Südwest und Nordwest.*

Sozialgeografie – Der Mensch verändert das Gesicht der Erde - Bestell-Nr. 11 021
www.kohlverlag.de

II. Wir nutzen den Atlas

b) *Gesucht wird eine Stadt ...*

nordwestlich von Leipzig:	H
südwestlich von Berlin:	M
westlich von Bremen:	O
östlich von Hannover:	W
nördlich von Karlsruhe:	M
südlich von Darmstadt:	H

c) *Trage die Himmelsrichtungen (Haupt- und/oder Nebenhimmelsrichtungen) ein.*

- München liegt ____________________ von Augsburg.
- Ulm liegt ____________________ von Augsburg.
- Stuttgart liegt ____________________ von Ulm.
- Zwickau liegt ____________________ von Chemnitz.
- Dresden liegt ____________________ von Leipzig.
- Münster liegt ____________________ von Dortmund.

d) *Für diese Aufgabe brauchst du im Atlas die Karte „Europa – physische Übersicht".*

- Insel südlich von Korsika: S ____________________
- Insel westlich von Sardinien: M ____________________
- Insel östlich von Kreta: Z ____________________
- Inselgruppe nördlich der Britischen Inseln: F ____________________
- Insel südwestlich von Italien: S ____________________
- Insel nordöstlich von Mallorca: M ____________________
- Insel nordwestlich von Sizilien: S ____________________
- Inselgruppe südöstlich der Färöer: S __________ I __________

II. Wir nutzen den Atlas

Maßstäbe und Entfernungen

Wenn du mit dem PKW von Köln nach Aachen fährst, bist du auf Straßen unterwegs. Und diese Straßen verlaufen natürlich nicht schnurgerade zwischen den Städten. Straßen machen Biegungen und sogar scharfe Kurven und manchmal geht es bergauf oder bergab.
Mit einem Kleinflugzeug könnte man schnurgerade den Weg von Köln nach Aachen zurücklegen. Diesen **Luftlinien** entspricht auf Atlaskarten oder Straßenkarten der Kartenmaßstab.

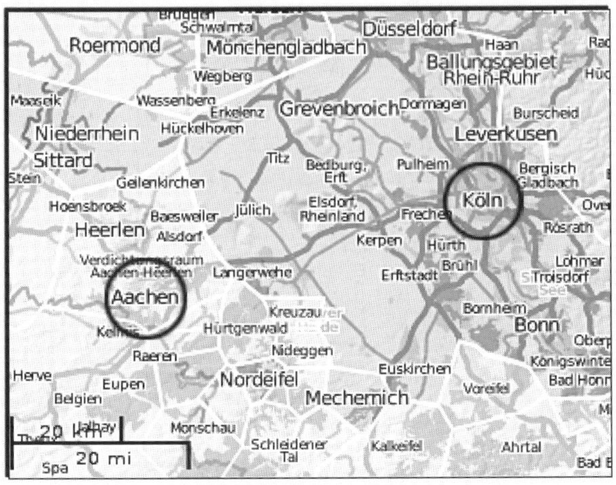

Der Kartenmaßstab gibt das Maß der Verkleinerung an.
Verkleinert wurde ja die Karte im Verhältnis zur Wirklichkeit. Als Angabe findest du unten auf einer Karte z. B. die Angabe: 1 : 1 000 000 (eins zu einer Million). Das bedeutet, dass 1 cm auf der Karte in der Wirklichkeit einer Strecke von 1 000 000 cm entspricht. Die Angabe 1 000 000 Zentimeter ist nicht sehr übersichtlich. Da ist es schon besser, wenn man diese große Zahl in Meter oder Kilometer umrechnet.

PA

Aufgabe 3: **a)** *Du findest die Angabe 1 : 5000. Du weißt, dass 100 cm einem Meter entsprechen. Wenn du also die 5000 cm durch 100 teilst, kennst du die Meterzahl:*
1 cm auf dieser Karte entspricht einer Strecke von 50 m in der Wirklichkeit.
Wandle die folgenden Maßstäbe in Meter oder in Kilometer um und trage deine Ergebnisse in die Tabelle ein.

Maßstab	In der Wirklichkeit sind das in m (die ersten drei Angaben) oder in km:
1 : 5 000	
1 : 25 000	
1 : 50 000	
1 : 100 000	
1 : 200 000	
1 : 500 000	
1 : 1 000 000	
1 : 2 500 000	

KOHL VERLAG www.kohlverlag.de Sozialgeografie – Der Mensch verändert das Gesicht der Erde - Bestell-Nr. 11 021

II. Wir nutzen den Atlas

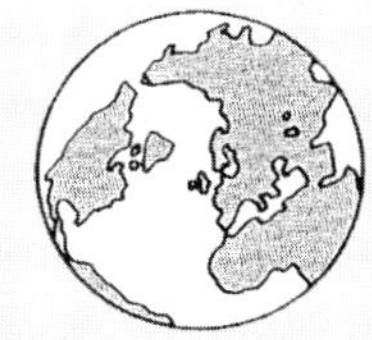

Wenn du die cm-Angaben in Meterangaben umgerechnet hast, teilst du das Ergebnis durch 1000. Du weißt ja, 1000 Meter (m) entsprechen der Strecke/Entfernung von einem Kilometer (km).

Als Beispiel: 1 cm auf der Karte entsprechen 36 000 000 m in der Wirklichkeit.

Du teilst 36 000 000 durch 100 und erhältst 360 000 Meter.
Die teilst du durch 1000 und erhältst die Kilometerangabe 360 km.

Wenn die Entfernung auf der Karte zwischen zwei Städten 2 cm beträgt, ist die wirkliche Entfernung etwa 720 km groß.

b) *Auf einer Karte mit dem Maßstab 1 : 1 500 000 beträgt die Entfernung zwischen Köln und Aachen rund 4 cm.*

Das entspricht einer Luftlinie von ca. ________ km.

c) *Hier findest du einige Übungsaufgaben. Berechne die Entfernung zwischen den angegebenen Städten und ergänze die Übersicht.*

Städte	**Maßstab der Karte**	**cm auf der Karte**	**cm in der Wirklichkeit**	**Luftlinie in Kilometer**
Nürnberg – Regensburg	1 : 1 500 000	6		
Hamburg – Kiew	1 : 16 000 000	9		
Sydney – Brisbane	1 : 36 000 000	2		
München – Linz	1 : 4 000 000	5		
Göteborg – Boras	1 : 6 000 000	1		

Sozialgeografie – Der Mensch verändert das Gesicht der Erde - Bestell-Nr. 11 021
www.kohlverlag.de

III. Wir erschaffen eine Fantasielandschaft

Der Mensch verändert die Landschaft – zunächst auf dem Papier

EA

Aufgabe 1: *Das wird dein Fantasieland. Du kannst noch nicht viel erkennen, nur ein Gebirge im Süden, ein paar Inseln, Flüsse und Seen sowie die Grenzen des Landes. Wie soll dein Land heißen? Vervollständige den Namen in der Überschrift. Vielleicht möchtest du einen Teil deines Namens dafür einsetzen?*

_______________________*land entsteht:*

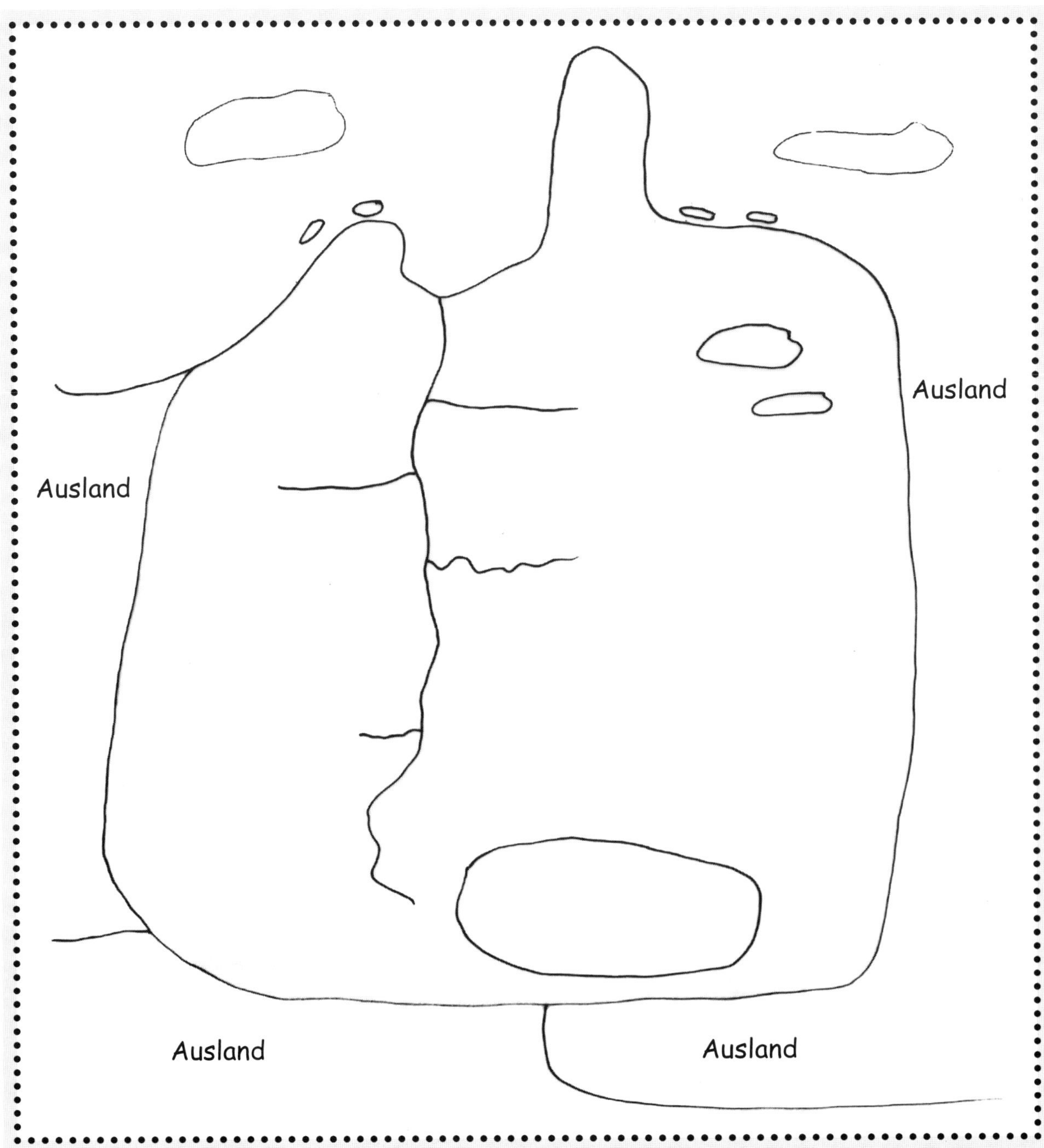

Sozialgeografie – Der Mensch verändert das Gesicht der Erde - Bestell-Nr. 11 021
KOHL VERLAG
www.kohlverlag.de

III. Wir erschaffen eine Fantasielandschaft

a) *Dein Land muss erst noch entstehen indem du es aufbaust. Dafür brauchst du:*

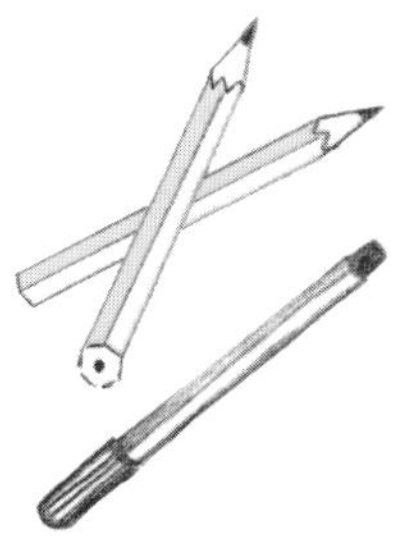

- einen Atlas
- Buntstifte
- Fasermaler (Filzstifte)

Dein Land war zuerst nicht besiedelt, nur Tiere lebten hier in dichten Wäldern und in Mooren. Im Laufe vieler Jahre kamen jedoch immer mehr Menschen in das Land. Menschen lassen sich dort nieder, wo es Wasser gibt, Süßwasser in Flüssen und Seen und Salzwasser im Meer. Das Meer befindet sich im Norden oben auf der Karte. Damit du dich zurechtfinden kannst, siehst du links die Abbildung eines Kompasses.

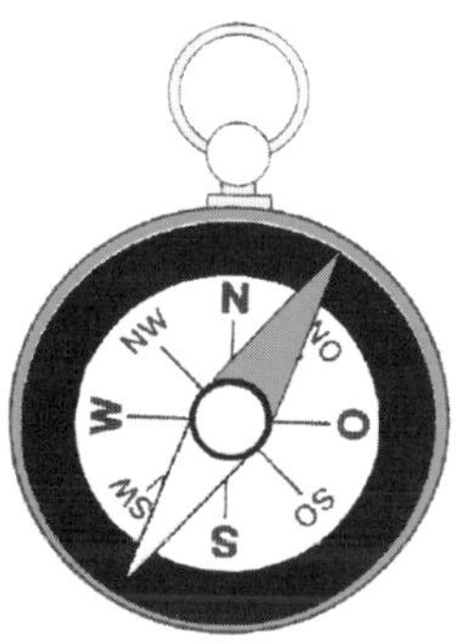

Ergänze die Buchstaben zu Wörtern:

N__________ O__________ S__________ W__________

b) *Sieh im Atlas nach, in welcher Farbe Meere eingefärbt sind. Im Meer auf deiner Karte sind zwei Gebiete eingezeichnet. Hier ist das Meer 40 bis 200 Meter tief. Färbe diese Bereiche mit der passenden Farbe ein. Das übrige Meer ist nicht so tief. Färbe es ebenfalls mit der passenden Farbe ein.*

c) *Im Atlas siehst du auch, wie Flüsse und Seen eingefärbt sind. Ziehe mit dem passenden Fasermaler den Lauf der Flüsse nach und färbe auch die beiden Seen mit Buntstift.*

Bundesanstalt für Gewässerkunde

Strom (Rhein) und Nebenfluss (Mosel) bei Koblenz

Ikar.us/wikipedia.org

Flussmündung (Alp) im Nordschwarzwald

KOHL VERLAG www.kohlverlag.de

III. Wir erschaffen eine Fantasielandschaft

d) *Sieh im Atlas nach, wie die Namen von Meeren und Flüssen eingetragen werden. Trage dann in deine Karte „Meer“ ein. An die Nebenflüsse rechts und links des Hauptstroms schreibst du von oben nach unten A-Fluss, B-Fluss, C-Fluss und D-Fluss. An den Hauptfluss (der auch Strom genannt wird) schreibst du links „Strom“. Er mündet wie fast alle großen Flüsse ins Meer.*

In Atlaskarten werden nicht nur Meerestiefen gekennzeichnet. Auch die Höhen des Landes werden durch Farben kenntlich gemacht. Die Landhöhen werden in Metern angegeben, z. B. 200 – 500 Meter.

Aber von wo aus wird die Höhe gemessen?

Leider nicht, denn der „Boden“ befindet sich selber schon in einer bestimmten Höhe. Wenn du z.B. in Stuttgart wohnst, befindet sich dein „Boden“ schon in einer Höhe von etwa 200 – 500 Meter. Wohnst du aber in Essen oder in Dortmund, befindet sich der „Boden“ etwa bei 0 – 100 Meter.

Damit wir verstehen, was mit 200 – 500 m gemeint ist, hat man vereinbart, dass vom **Meeresspiegel** aus gemessen wird. Im Schwarzwald befindest du dich demnach etwa 200 – 500 m über dem Meeresspiegel. Häufig findest du auch die Angabe **„über N.N.“**. Das bedeutet **Normalnull** und meint wieder den Meeresspiegel.

Wenn du mit dem Bus oder mit dem PKW über eine Talbrücke fährst, siehst du vielleicht eine Angabe wie „180 m über N.N.“. Für diese Brücke kann man die Angabe genau machen, sie ist immer genau 180 m über dem Meeresspiegel. Für eine Landschaft mit verschiedenen Höhen wird die Angabe „von – bis“ (200 – 500 m) gemacht.

Ruth Rudolph/pixelio.de

Kochertalbrücke LK Schwäbisch Hall

III. Wir erschaffen eine Fantasielandschaft

e) *Lies die folgenden Angaben sorgfältig, bevor du die Farben in deine Karte einträgst. Färbe dann die Landschaften in den entsprechenden Farben.*
Du siehst die Farben und die Höhenangaben aus der Legende, die sich meist unten auf den Karten befindet.

➲ *Alles Land (Flachland) nördlich des A-Flusses liegt etwa 0–100 m über N.N.. Dazu gehören auch die Inseln.*

➲ *Zwischen dem A-Fluss und dem C-Fluss ist das Land höher: 100–200 m und die Landhöhe südlich des C-Flusses beträgt 200–500 m.*

➲ *Das wolkenartige Gebilde im Südosten deines Landes soll ein Gebirge darstellen. Schreibe wie im Atlas üblich „Gebirge" hinein. Die höchste Erhebung ist mit 1500 m der E-Berg. Zeichne dafür einen Punkt ins Gebirge und schreibe den Namen des Berges daneben.*

➲ *Nun fehlt noch die Farbe für das Gebirge.*

Gerhard Eichstetter/pixelio.de

f) *An dein Land grenzen andere Länder im Westen, im Osten und im Süden. Zwischen den Ländern befindet sich eine Linie, die den Grenzverlauf darstellt.*
Färbe sie in der entsprechenden Farbe ein.

> Eine Grenze ist die Trennungslinie zwischen zwei Staaten (Staatsgrenze).

g) *Den Grenzsaum zwischen Festland und Meer bezeichnet man als Küste.*
Zeichne diese Küstenlinie farbig (auch bei den Inseln) nach.

Sozialgeografie – Der Mensch verändert das Gesicht der Erde - Bestell-Nr. 11 021
KOHL VERLAG Der Verlag mit dem Baum
www.kohlverlag.de

III. Wir erschaffen eine Fantasielandschaft

h) *Setze die fehlenden Wörter zum Thema Insel ein. Du kannst sie mit den folgenden Silben zusammensetzen.*

fer – Fest – Grup – hen – hen – In – na – nen – land – land – land – pen – Rei – Sei – sel – ten

Eine _______________ ist ein von allen ____________ von Wasser umgebenes Stück ______________. Inseln liegen meist in ______________ oder in ______________. Man unterscheidet zwischen __________________ und __________________ Inseln.

i) *Außer den Inseln gibt es auch* ***Halbinseln****. Dabei handelt es sich um Teile des Festlandes, die deutlich ins Meer oder in einen See vorspringen. Auch auf deiner Karte ist eine Halbinsel zu sehen. Schreibe „HI“ hinein.*

j) *Bei dieser Aufgabe hilft dir wieder der Atlas. Suche nun die folgenden Inseln und Halbinseln. Kreuze dann in der Spalte rechts an, ob es sich um eine Insel oder um eine Halbinsel handelt.*

Name	**Insel**	**Halbinsel**
Island		
Italien		
Korsika		
Grönland		
Florida		
Kuba		
Südkorea		
Spanien/Portugal		
Griechenland		
Sri Lanka		

k) *Suche auf der Deutschlandkarte im Atlas das Gebirge „Alpen“. Einzelne Berge sind mit einem Punkt gekennzeichnet. Daneben steht meist die Höhe des Berges und sein Name. Suche nun mithilfe des Registers die folgenden Berge. Trage dann ihre Höhe ein und in welchem Gebirge die Berge sich befinden.*

Berg	**Höhe in Meter (m)**	**Gebirge**
Monte (Mte.) Rosa		
Schneeberg		
Kahler Asten		
Watzmann		
Ledjanoja		

Sozialgeografie – Der Mensch verändert das Gesicht der Erde - Bestell-Nr. 11 021
www.kohlverlag.de

IV. Die Erde – von Menschen gestaltet

Flüsse, Berge und Gebirge oder Inseln und Halbinseln entstanden meist zu einer Zeit, als es noch keine Menschen auf der Erde gab.
Als der Mensch sich aber auf der Erde ausbreitete, veränderte sich ihr Aussehen, es wurde von ihm verändert. Auch heute noch verändert der Mensch das Bild der Erde. Wie das geschah und geschieht, lernst du jetzt mit deiner kopierten Karte vom

____________________________land.

EA

<u>Aufgabe 1</u>: *Menschen siedelten da, wo es Wasser gab. Hier hatten sie Trinkwasser für sich und für das Vieh. Aus den ersten kleinen Siedlungen entstanden schließlich kleine Orte. Später entstanden daraus Dörfer, Städte, Häfen, Industrie und Flughäfen.*

Axel Hoffmann/pixelio.de

Siedlung am See

Duisburger Hafen AG/wikimedia.org

Hafen Duisburg

a) *Orte werden auf Atlaskarten verschieden gekennzeichnet. Zeichne sorgfältig die Symbole für diese Orte in die rechte Spalte der Tabelle.*

Orte	Symbol
über 1 000 000 Einwohner	
500 000 bis 1 000 000 Einwohner	
100 000 bis 500 000 Einwohner	
20 000 bis 100 000 Einwohner	
unter 20 000 Einwohner	

b) *Wo der Hauptfluss auf deiner Karte ins Meer mündet, lässt du eine Stadt entstehen, die mehr als 1 Million Einwohner hat. Zeichne das entsprechende Symbol und zeichne auch das Symbol für einen Flughafen an die andere Seite der Stadt.*

c) *Die Hauptstadt deines Landes soll sich etwa in der Mitte der Karte befinden. Sie hat etwa 400 000 Einwohner. Als Hauptstadt mit dem Sitz der Regierung muss sie natürlich auch einen Flughafen haben. Zeichne das Symbol für eine Stadt dieser Größe und das Symbol für den Flughafen daneben.*

d) *Es geht schließlich nicht, dass die Hauptstadt und die Millionenstadt an der Küste keine Verbindung über Bahn und Straße haben. Wie sehen diese Symbole aus?*

Verbindung durch	Symbol
Bahn	
Autobahn	

e) *Zeichne die Bahn zwischen den beiden Städten. Sie soll westlich am Hauptfluss entlang geführt werden. Die Autobahn soll im Bogen um den A-Fluss herum führen.*

f) *Die Hauptstadt liegt in der Mitte des Landes und sie hat keine Verbindung zu den Flüssen. Weil das ungünstig ist, soll ein Kanal vom nächstgelegenen Fluss zur Hauptstadt gebaut werden. Zeichne das Symbol entsprechend ein.*

Frachtschiff in einer Kanalschleuse

Siegfried Fries/pixelio.de

Gregor Helms/wikimedia.org

Kanalschleuse

KOHL VERLAG Der Verlag mit dem Baum
www.kohlverlag.de

Ein Kanal ist ein künstlich angelegter Wasserlauf. Die größeren Kanäle sind schiffbar, können also von Schiffen befahren werden. Hier unterscheidet man Binnenkanäle und Seekanäle. Die Binnenkanäle (binnen = innen, im Land) verbinden schiffbare Seen, Kanäle oder Flüsse miteinander.
Als Stichkanäle verbinden sie Industriegebiete oder große Städte mit anderen Binnenwasserstraßen. Seekanäle verbinden Meere miteinander.

g) *Welche Wasserstraßen oder Gewässer verbinden diese Kanäle? Kreuze an, ob sie Binnenkanäle (BK) oder Seekanäle (SK) sind.*

Kanal	**BK**	**SK**	**verbunden werden:**
Nord-Ostsee-Kanal			
Suez-Kanal			
Rhein-Rhone-Kanal			
Panama-Kanal			
Dortmund-Ems-Kanal			

h) *Wasser wird von uns sehr vielfältig genutzt oder verbraucht: Als Trinkwasser, zur Erholung oder als natürliche Speisekammer. In den Binnengewässern werden Süßwasserfische gefangen. Im Salzwasser der Meere leben als begehrte Speisefische u.a. die Heringe. Dafür zeichnest du bei den größeren Tiefen deiner Karte ein Symbol für den Hering ein.*

Und damit sind wir schon beim Thema „Wirtschaftskarten“.

Ernst Rose/pixelio.de
Heringe

Sozialgeografie – Der Mensch verändert das Gesicht der Erde - Bestell-Nr. 11 021
www.kohlverlag.de

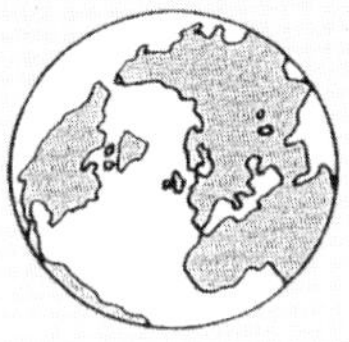

IV. Die Erde – von Menschen gestaltet

Arbeiten mit den Wirtschaftskarten im Atlas

Deine Karte sieht schon sehr gut aus. Nun sollst du noch lernen, mit den Wirtschaftskarten zu arbeiten. Die Symbole auf diesen Karten zeigen dir, welche Industrie sich wo befindet. Oder welche landwirtschaftlichen Produkte wo angebaut worden sind.

Du brauchst jetzt eine Wirtschaftskarte von Deutschland oder eine Karte „Rheinisch-Westfälisches Industriegebiet.
Auf jeden Fall sollen die folgenden Industrie-Symbole zu finden sein.

EA

Aufgabe 2: **a)** *Nördlich und fast direkt am A-Fluss wurde Steinkohle gefunden und nun wird sie abgebaut. Die Steinkohle brauchte man zum Heizen der Wohnungen. Heute wird sie überwiegend zur Gewinnung elektrischer Energie gebraucht. Wo es die Steinkohle gab, entstanden bald Industriebetriebe, die aus Eisenerz das Roheisen gewannen und den Stahl herstellten. Dann siedelten sich die Chemische Industrie und der Maschinenbau an.*
Zeichne die entsprechenden Symbole in die rechte Spalte.

Industrie	**Symbol**
Steinkohleförderung	
Roheisenerzeugung	
Chemische Industrie	
Stahlerzeugung	
Maschinenbau	

b) *Industrieansiedlungen sind nur möglich, wenn sich hier auch Arbeitskräfte (auch mit ihren Familien) niederlassen. An den Mündungen der Nebenflüsse entstehen schließlich Städte von 300 000 Einwohnern. Entlang der Flüsse entstehen viele kleinere Orte. Zeichne die Symbole für die vier Großstädte und 12 weitere Symbole für Orte zwischen 20 000 und 100 000 Einwohner in deine Karte.*

c) *Zeichne die Symbole für die Industrien entlang des A-Flusses ein. Verteile die Industrie auch am Haupt-Fluss zwischen A-Fluss und B-Fluss.*

Sozialgeografie – Der Mensch verändert das Gesicht der Erde - Bestell-Nr. 11 021
KOHL VERLAG Der Verlag mit dem Baum
www.kohlverlag.de

IV. Die Erde – von Menschen gestaltet

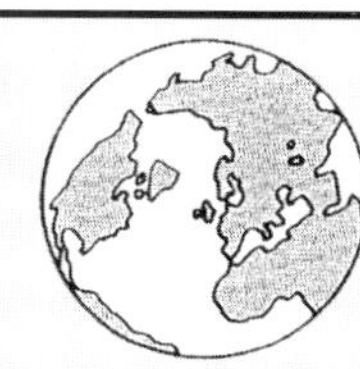

Ikar.us/Schiffe Maxau/wikimedia.org

Binnenschiff mit Eisenerz auf dem Rhein

d) *Entlang des A-Flusses wird zwar Steinkohle gefördert. Aber das zur Gewinnung von Eisen erforderliche Eisenerz muss eingeführt werden.*
Mit dem Flugzeug geht das nicht, das Eisenerz ist dafür viel zu schwer. Es landet per Seeschiff im Hafen deiner Millionenstadt an. Aber wie geht es dann weiter? Das Seeschiff kann nicht in den Fluss einfahren! Hilft dir die Abbildung für eine Antwort (im vollständigen Satz)?

____

____

e) *In der Hauptstadt werden zum Neubau einiger Regierungsgebäude Kräne, Bagger und weitere Maschinen benötigt.*
Auf welchen Wegen erreichen sie von ihren Produktionsstätten am A-Fluss und am Haupt-Fluss die Hauptstadt?

____

____

f) *Du brauchst jetzt eine Wirtschaftskarte „Landwirtschaft“, die den südlichen Teil Deutschlands zeigt.*
Ergänze die rechte Spalte der Tabelle.

Das wird angebaut:	**Bei diesen Orten wird es angebaut: (Trage zwei Angaben ein.)**
Wein	
Obst	
Gemüse	
Hopfen (zum Bier brauen)	
Raps*	

** wird vor allem im Norden angebaut.*

Sozialgeografie – Der Mensch verändert das Gesicht der Erde - Bestell-Nr. 11 021

KOHL VERLAG Der Verlag mit dem Baum
www.kohlverlag.de

g) *Hier wird anders gefragt. Du brauchst zur Ergänzung der Tabelle eine Karte für den nördlichen Teil Deutschlands.*

Landschaft/Gegend um ...	**Angebaut wird überwiegend ...**
Münsterland	
Vechta	
Altmark	
Altes Land	
Magdeburger Börde	

h) *Man kann nicht in der Industrie Schwerarbeit verrichten und nichts essen. Lasse deshalb im mittleren und östlichen Teil deines Landes 10 Orte (verteilt) entstehen, die alle unter 10 000 Einwohner (EW.) groß sind. Nur eine Kreisstadt inmitten der kleineren Orte ist größer und hat 55 000 EW.*
Zeichne alle Orte in deine Karte ein.

i) *Damit die Menschen in dieser Landschaft sinnvoll leben und arbeiten können, muss noch einiges entstehen. Suche zunächst die folgenden Symbole im Atlas und färbe zuerst die Rechtecke in der passenden Farbe ein. Das kann schon reichen. In einige der Rechtecke sind aber noch Symbole einzuzeichnen.*

Michiel1972/wikimedia.org

Bundesstraße

Friedrich Böhringer/wikimedia.org

Mischwald

Wiesen für Heu als Winterfutter für die Rinder

Rainer Sturm/pixelio.de

Weizenanbau

Rasbak/wikimedia.org

Zuckerrübenanbau

KOHL VERLAG Der Verlag mit dem Baum www.kohlverlag.de

Kallerna/wikimedia.org

Kartoffelfeld

Maisanbau für Viehfutter

Obstanbau

j) *Lerne die Symbole für Schweinemast und für Rinderhaltung zeichnen.*

k) *Trage dann* ***je 10 aller Symbole*** *in deine Karte ein.*

Uschi Dreiucker/pixelio.de

Schweine auf der Weide

Rinder auf der Weide

l) *Zwischen der Kreisstadt (Verwaltung) und einigen der kleineren Orte soll die Bundesstraße verlaufen. Zeichne sie in deine Karte ein.*

m) *Von der Bundesstraße gelangt man auf die Autobahn. Weil die Landwirte ihre Produkte nicht alle selber verbrauchen, verkaufen sie Schweine und Rinder ebenso wie Getreideprodukte und die Milch. Diese Produkte gehen auch an die vielen Menschen in den Industriegebieten.*
Der Transport erfolgt über die Autobahn. Zeichne sie in deine Karte ein.

Hans Lother GmbH, Eßleben

LKW Viehtransporter

© Rick Sargeant - Fotolia.com

n) *Der Transport ist aber auch mit der Bahn möglich. Umgekehrt bekommen die Landwirte mit der Bahn Produkte (Maschinen, chemische Produkte) aus den Industriegebieten. Deshalb zeichnest du noch die entsprechende Bahnstrecke ein.*

KOHL VERLAG Der Verlag mit dem Baum www.kohlverlag.de

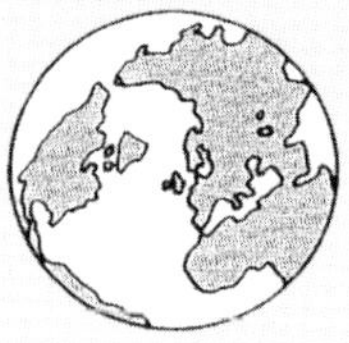

V. Einstieg in die Sozialgeografie

Was du bisher mit und auf deiner Karte bearbeitet hast, hat es in ähnlicher Weise wirklich gegeben. Nun folgen Aufgaben und Beispiele zu den **Daseinsgrundfunktionen** des Menschen.

Darunter versteht man, dass **Menschen**

- **wohnen,**
- **sich ernähren,**
- **arbeiten,**
- **am Verkehr teilnehmen,**
- **sich erholen,**
- **sich bilden**

und dadurch **das Bild der Erde verändern**.

Diese Daseinsgrundfunktionen haben mehr oder weniger mit der Erdkunde (Geografie) zu tun. Als es vor vielen Tausenden Jahren noch keine menschlichen Siedlungen gab, musste der Mensch sie erst schaffen – wenn er wohnen, sich ernähren und arbeiten wollte. Dann war es manchmal nötig, die Erde zu verändern. Natürlich nur einen sehr kleinen Teil der Erde. Die nächsten Abschnitte zeigen, wie das geschah.

Uschi Dreiucker/pixelio.de

Lebendiges Moor

Das Moor wird urbar gemacht

Im Nordwesten Deutschlands gab es vor über 250 Jahren große Moorgebiete.

GA **Aufgabe 1:** *Was wisst ihr über das Moor? Tauscht eure Kenntnisse aus und schreibt sie in Stichworten auf.*

V. Einstieg in die Sozialgeografie

Moore gab es schon vor 400 Millionen Jahren. Alle heute erhaltenen Moore haben sich erst vor etwa 10 000 Jahren gebildet.
Moore entstehen, wo mehr Wasser auftritt als abfließen oder verdunsten kann. Hinzu kommt, dass durch das Wasser keine Luft an abgestorbene Pflanzen (oder Tiere) gelangt. Sie zersetzen sich dadurch nicht vollständig und bilden schließlich durch weitere chemische Vorgänge den Torf. Solche Torfschichten können mehrere Meter hoch werden.

Diese Moore waren nicht ungefährlich: „... kann es einem dann zustoßen – und das ist bei den meisten der Fall – dass man bis an die Knie in den Morast sinkt, ohne dass man im ersten Augenblick weiß, wie man heraus kommen soll."

© arwan - Fotolia.com

© Light - Fotolia.com

So soll es einmal aussehen

Wer hier wohnen und sich ernähren wollte, hatte hart zu arbeiten:
Das Moor sollte urbar gemacht werden. Es musste so verändert werden, dass hier fruchtbarer Boden entstehen konnte. Auf diesem Boden sollten Wiesen und Weiden entstehen, worauf Schafe, Ziegen oder Rinder weiden konnten.

Aufgabe 2: *Versucht einmal, euch in diese Situation zu versetzen:
Wir haben das Jahr 1700. Ihr wollt den Ort verlassen, wo ihr geboren und wo ihr aufgewachsen seid. Ein kleiner Bauernhof kann nicht mehr alle ernähren.
Ihr habt gehört, dass man sehr günstig Land bekommen kann. Aber das muss noch geschaffen werden, denn es handelt sich um Moor. Ihr könnt euch sicher vorstellen, was es um das Jahr 1700 an Maschinen, Zugtieren oder Werkzeugen gab.*

Sozialgeografie – Der Mensch verändert das Gesicht der Erde - Bestell-Nr. 11 021
KOHL VERLAG Der Verlag mit dem Baum www.kohlverlag.de

V. Einstieg in die Sozialgeografie

EA

Aufgabe 3: *Wenn ihr in eurer Nähe ein Moor und einen Moorlehrpfad aufsuchen könnt, solltet ihr das unbedingt tun. An dem Pfad sind erklärende Schilder aufgestellt, die euch interessante Informationen liefern.*
Was Torf ist, könnt ihr auch ohne Moor und Lehrpfad verstehen lernen. Torf wird heute noch in entwässerten Mooren gewonnen. Er dient als Düngetorf und soll den Gartenboden oder die Blumenerde verbessern. Den Torf bekommt ihr bei der Gärtnerei.
Besorgt euch etwas Torf, betrachtet ihn, fasst ihn an und beschreibt ihn.

____

____

PA

Aufgabe 4: **a)** *Du hast gelesen, wie aus dem Moor Land wurde, das die Siedler nutzen konnten. Den ersten Schritt zur Landgewinnung könnt ihr im Versuch selber erproben. Ihr braucht:*

Ihr braucht:

- 1 Kunststoff-Kiste etwa 50 cm x 30 cm x 15 cm.
- Spielsand
- 1 Gießkanne mit Wasser
- 1 Schäufelchen

So geht´s:

- *Der Sand wird etwa 10 cm hoch möglichst gleichmäßig in der Kiste verteilt und etwas glatt gestrichen.*
- *Wenn der Sand das feuchte Moor darstellen soll, muss er mit Wasser angefeuchtet werden. Bei trockenem Sand sollten es etwa 2 Liter Wasser sein, bei feuchtem Sand nur 1 Liter.*
- *Wenn der Sand gleichmäßig durchfeuchtet ist, geht es so weiter:*
  Mit dem Schäufelchen zieht ihr am Rand der Kiste eine Rinne bis auf den Boden.

b) *Was beobachtet ihr nach etwa 10 Minuten?*

____

c) *Was müsste mit dem Sand in der Kiste geschehen sein?*

____

Sozialgeografie – Der Mensch verändert das Gesicht der Erde - Bestell-Nr. 11 021
KOHL VERLAG Der Verlag mit dem Baum
www.kohlverlag.de

V. Einstieg in die Sozialgeografie

Auch im Moor entstanden so Kanäle, die genutzt wurden.

© cpauschert - Fotolia.com

PA

Aufgabe 5: *Übrigens haben die Neusiedler nicht nur Häuser gebaut und Felder angelegt. Um an Trinkwasser zu gelangen, haben sie Brunnen gebohrt und gebaut.*

Das kannst du im Versuch ebenfalls.

So geht´s:

- *Bohre in ein Kunststoffröhrchen (z. B. von Brausetabletten) 1 cm über dem Boden Löcher.*
- *Drücke das Röhrchen in dein „Moor“, in den Sand.*
- *Sieh nach 10 Minuten nach, ob sich im „Brunnenschacht“ Wasser gesammelt hat. Um das sehen zu können, musst du vielleicht hineinleuchten.*

EA

Aufgabe 6: **a)** *Als Beispiel wurden die Moore im Nordwesten Deutschlands genannt. Ihr braucht nun wieder eure Karte und den Atlas. Euer Moorgebiet hat es westlich von der Stadt Meppen und westlich vom Fluss Ems gegeben. Suche im Atlas die Ems und Meppen sowie das Symbol für „Moor/Sumpf“.*

Trage dann in deine Karte das Moor dort ein, wo es der Atlaskarte nach auf deiner Karte sein könnte.

wikimedia.org

b) *Moore gibt es auch in anderen Teilen Deutschlands. Trage hier 5 Orte/Städte ein, in deren Nähe sich Moore befinden.*

____

____

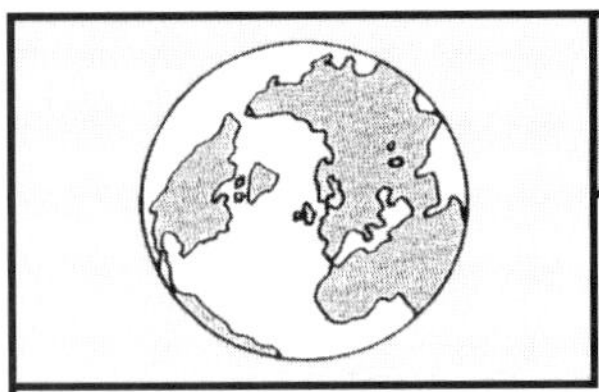

VI. Der Mensch verändert die Erde

Wie der Mensch neues Land gewinnt

EA

Aufgabe 1: **a)** *Du brauchst den Atlas mit den Karten „Niederlande/Belgien/Luxemburg“ oder/und „Niederlande, Küstenschutz-Neulandgewinnung“. Suche hier das Ijsselmeer (gesprochen: Eißelmeer) und merke dir die ungewöhnliche Schreibweise dieses Namens. Trage den Namen unten in die Karte so ein, wie er auch im Atlas eingetragen ist.*

b) *Du hast sicher bemerkt: Die Karte unten ist anders, sie ist vor allem unvollständig. Schreibe die Namen der Inseln neben die Abbildungen der Inseln: Texel – Terschelling – Ameland – Vleland.*

c) *Trage außerdem diese Städte ein: Leeuwarden – Groningen – Enschede – Haarlem – Amsterdam.*

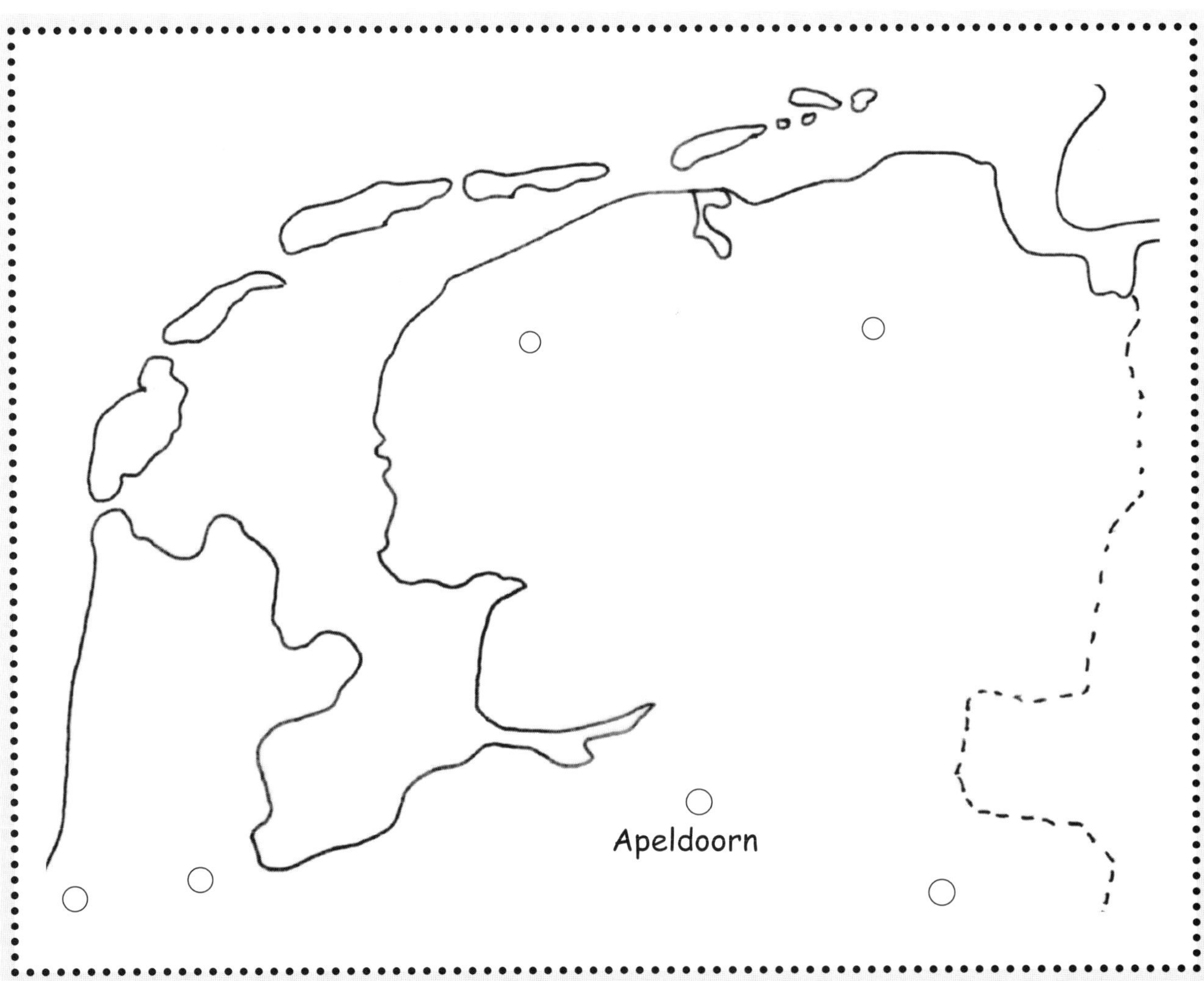

Sozialgeografie – Der Mensch verändert das Gesicht der Erde - Bestell-Nr. 11 021

KOHL VERLAG Der Verlag mit dem Baum
www.kohlverlag.de

VI. Der Mensch verändert die Erde

Roobit/wikimedia.org

Der 32 km lange Afsluitdijk trennt das Ijsselmeer (rechts) von der Nordsee (links)

d) *Das Ijsselmeer ist eine Meeresbucht, die mit der Nordsee verbunden war. Ein Problem für die Menschen bestand darin, dass das Land größtenteils bis 6 Meter unter dem Meeresspiegel liegt. Deshalb wurde das Land häufig vom Meer überschwemmt. Auf der Atlaskarte ist ein Abschlussdeich gezeichnet. Zeichne ihn auch in deine Karte.*

e) *Welche Bedeutung könnte dieser Deich haben?*

____

____

f) *Das Ijsselmeer war zunächst ein Salzwassersee. Das war er auch noch nach dem Bau des Abschlussdeiches. Vom Meer kann jetzt kein Meerwasser (Salzwasser) nachfließen. Dennoch trocknet das Ijsselmeer nicht aus, weil es zwei Süßwasser-Zuflüsse hat. Wie heißen diese Zuflüsse?*

© corepics - Fotolia.com

Feld auf dem Polder (Eindeichung; auch Koog oder Gooden genannt)

____

____

____

g) *Zeichne diese Flüsse in deine Karte ein.*

PA

<u>Aufgabe 2</u>: *Vom Ijsselmeer gibt es zwei künstliche Abflüsse zum Wattenmeer. Welche Aufgaben könnten sie haben – und wo müssten sie sein?*

____

____

____

VI. Der Mensch verändert die Erde

EA

Aufgabe 3: *Im folgenden Text fehlen diese Wörter:*

Nordostpolder – Zuckerrüben – Ijsselmeer – Neuland – Fläche – Winterweizen – Niederländer – Deich – Polder – teilweise – mehrmonatiges – Teile

Nachdem das ____________ vom Meer abgetrennt war, begannen die ____________ damit, das Ijsselmeer ____________ trocken zu legen. Das trocken zu legende Gebiet wurde mit einem ____________ eingeschlossen. Hier sollte ____________ entstehen, dessen ____________ als ____________ bezeichnet wurden. Von den vier Poldern ist der Wieringsmeerpolder der älteste (1930). Er wurde durch ____________ Pumpen trocken gelegt. Später entstanden weitere Polder: ____________, Ostflevoland und Südflevoland.

Die neue ____________ des Wieringsmeerpolders und des Nordostpolders wurden genutzt, um ____________, Kartoffeln und ____________ anzubauen.

EA

Aufgabe 4: *Das neu entstandene Land wurde zum Anbau von Nahrungsmitteln genutzt. Es gab eine weitere Nutzung, die du auf den nebenstehenden Abbildungen erkennen kannst. Welche Daseinsgrundfunktion ist hier gemeint?*

Tourismus am Ijsselmeer

kklausi/pixelio.de

____

____

____

Sozialgeografie – Der Mensch verändert das Gesicht der Erde - Bestell-Nr. 11 021

KOHL VERLAG Der Verlag mit dem Baum www.kohlverlag.de

VI. Der Mensch verändert die Erde

EA

Aufgabe 5: a) *Man kann Fragen stellen und sie beantworten. Aus den Antworten entsteht dann vielleicht ein Text. Hier ist es umgekehrt. Du liest ganz sorgfältig den folgenden Text und überlegst dabei, welche Fragen damit beantwortet worden sind. So lernst du, wie man sinnvolle Fragen formulieren kann.*

Dabei gehst du so vor:

- ➲ *Du liest einen oder zwei Sätze und überlegst, welche Frage man zu diesem Satz oder zu den beiden Sätzen stellen könnte.*
- ➲ *Diese Frage schreibst du auf Seite 40 in die freie Zeile.*
- ➲ *Vor jeder Zeile steht eine Ziffer. Diese Ziffer schreibst du über den entsprechenden Satz, der die Antwort auf deine Frage gibt.*

Hier ist dein Text, der befragt werden soll.

Alte Karten der Niederlande zeigen eine flache und nur 4 bis 5 Meter tiefe Meeresbucht der Nordsee. Diese Bucht nannten die Einwohner De Zuyder Zee (gesprochen: De Seuder See = die südliche See) – im Gegensatz zur Nordsee. Die Zuydersee (heutige Schreibweise) entstand wahrscheinlich schon ab 700 v. Chr., als Sturmfluten weit in das flache und niedrig gelegene Land vordrangen. Wenn das Wasser zurück flutete, trug es allmählich Land ab. Mit den großen Sturmfluten in den Jahren 1164, 1219 und 1228 entstand die Meeresbucht. Durch den Bau von Deichen sind aus der Zuydersee das heutige Ijsselmeer und weitere Binnenseen (binnen = innen, im Land gelegen) entstanden: Ijmeer, Veluwemeer, Gooimeer, Markermeer, Drontermeer, Eemmeer und Ketelmeer.

Historische Karte der Niederlande von 1658

VII. Landflucht

c) *Es war nicht Heinrich W. allein, der das Land verließ, um in der Stadt Arbeit zu suchen. Mehr darüber erfährst du, wenn du diese Wörter passend in den Text unten einsetzt:*

Landflucht – Bevölkerung – Lebensbedingungen – Städte – Wanderung – Land – Großstädten – Lebensverhältnisse

Um 1800 lebte nur etwa 3 % der deutschen ____________________

in ____________________. Und etwa 75 % lebte auf dem Land.

Aber hier waren die ____________________ nicht immer

einfach. Deshalb zogen viele Menschen vom ______________ in die

______________ und hofften auf bessere ____________________.

Diese ______________ wird als ______________ bezeichnet.

Durch den Zuzug in die Städte kommt es zum Bau neuer Häuser, Straßen und Versorgungseinrichtungen. Die Städte dehnen sich immer weiter aus.

Aufgabe 2: **a)** *Welche Versorgungseinrichtungen kommen mit dem Wachstum der Städte hinzu?*

____

____

____

b) *Das Leben in einer großen Stadt ermöglicht außer • wohnen, • sich versorgen und • arbeiten noch weitere Daseinsgrundfunktionen. Welche sind hier eher möglich oder erforderlich als auf dem Land?*

____

Sozialgeografie – Der Mensch verändert das Gesicht der Erde - Bestell-Nr. 11 021
KOHL VERLAG Der Verlag mit dem Baum www.kohlverlag.de

VI. Der Mensch verändert die Erde

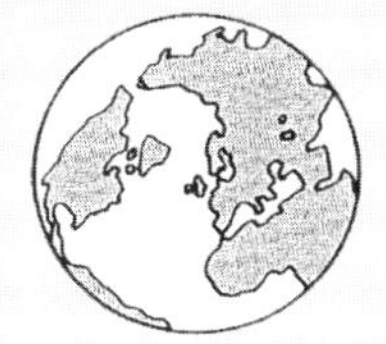

EA

Aufgabe 5: **a)** *Man kann Fragen stellen und sie beantworten. Aus den Antworten entsteht dann vielleicht ein Text. Hier ist es umgekehrt. Du liest ganz sorgfältig den folgenden Text und überlegst dabei, welche Fragen damit beantwortet worden sind. So lernst du, wie man sinnvolle Fragen formulieren kann.*

Dabei gehst du so vor:

- ➲ *Du liest einen oder zwei Sätze und überlegst, welche Frage man zu diesem Satz oder zu den beiden Sätzen stellen könnte.*
- ➲ *Diese Frage schreibst du auf Seite 40 in die freie Zeile.*
- ➲ *Vor jeder Zeile steht eine Ziffer. Diese Ziffer schreibst du über den entsprechenden Satz, der die Antwort auf deine Frage gibt.*

Hier ist dein Text, der befragt werden soll.

Alte Karten der Niederlande zeigen eine flache und nur 4 bis 5 Meter tiefe Meeresbucht der Nordsee. Diese Bucht nannten die Einwohner De Zuyder Zee (gesprochen: De Seuder See = die südliche See) – im Gegensatz zur Nordsee. Die Zuydersee (heutige Schreibweise) entstand wahrscheinlich schon ab 700 v. Chr., als Sturmfluten weit in das flache und niedrig gelegene Land vordrangen. Wenn das Wasser zurück flutete, trug es allmählich Land ab. Mit den großen Sturmfluten in den Jahren 1164, 1219 und 1228 entstand die Meeresbucht. Durch den Bau von Deichen sind aus der Zuydersee das heutige Ijsselmeer und weitere Binnenseen (binnen = innen, im Land gelegen) entstanden: Ijmeer, Veluwemeer, Gooimeer, Markermeer, Drontermeer, Eemmeer und Ketelmeer.

Historische Karte der Niederlande von 1658

Sozialgeografie – Der Mensch verändert das Gesicht der Erde - Bestell-Nr. 11 021
KOHL VERLAG Der Verlag mit dem Baum www.kohlverlag.de

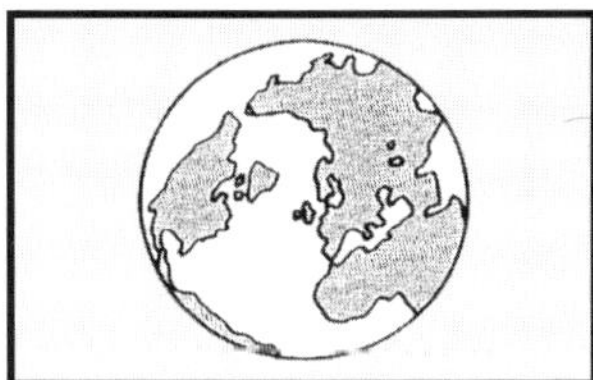

VI. Der Mensch verändert die Erde

Hier schreibst du deine Fragen auf zu dem Text auf Seite 39.

Alte Karten der Niederlande zeigen eine flache und nur 4 bis 5 Meter tiefe Meeresbucht der Nordsee. Diese Bucht nannten die Einwohner De Zuyder Zee (gesprochen: De Seuder See = die südliche See) – im Gegensatz zur Nordsee. Die Zuydersee (heutige Schreibweise) entstand wahrscheinlich schon ab 700 v. Chr., als Sturmfluten weit in das flache und niedrig gelegene Land vordrangen. Wenn das Wasser zurück flutete, trug es allmählich Land ab. Mit den großen Sturmfluten in den Jahren 1164, 1219 und 1228 entstand die Meeresbucht. Durch den Bau von Deichen sind aus der

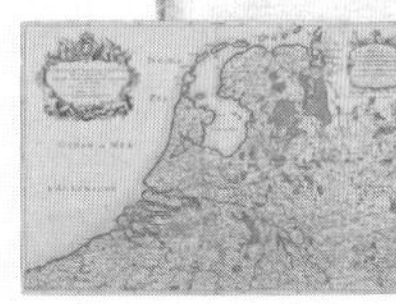

Zuydersee das heutige IJsselmeer und weitere Binnenseen (binnen = innen, im Land gelegen) entstanden: IJmeer, Veluwemeer, Gooimeer, Markermeer, Drontermeer, Eemmeer und Ketelmeer.

① ______________________________

____

② ______________________________

____

③ ______________________________

____

④ ______________________________

____

⑤ ______________________________

____

⑥ ______________________________

____

⑦ ______________________________

____

b) *Du hast soeben sehr intensiv gelernt, vielleicht ohne es zu bemerken. Deshalb bist du garantiert in der Lage, wenigstens drei Fragen auswendig zu beantworten. Das kannst du jetzt selber erproben: Lies eine Frage, beantworte sie auswendig und kontrolliere dann am Text.*

Sozialgeografie – Der Mensch verändert das Gesicht der Erde - Bestell-Nr. 11 021
KOHL VERLAG Der Verlag mit dem Baum
www.kohlverlag.de

VII. Landflucht

Wenn Menschen den Ort verlassen, an dem sie geboren und aufgewachsen sind, tun sie das nicht immer freiwillig. Wenn sie aber freiwillig gehen, wollen sie meist etwas verbessern. Sie wollen eine Arbeitsstelle oder eine besser bezahlte Arbeit. So erging es auch einem der Söhne des Bauern W. im Westerwald. Die Familie des Bauern war groß geworden. Auf dem kleinen Bauernhof lebten außerdem unverheiratete Geschwister der Bauersleute. So viele Menschen konnte der kleine Hof des Jahres 1820 nicht ernähren.

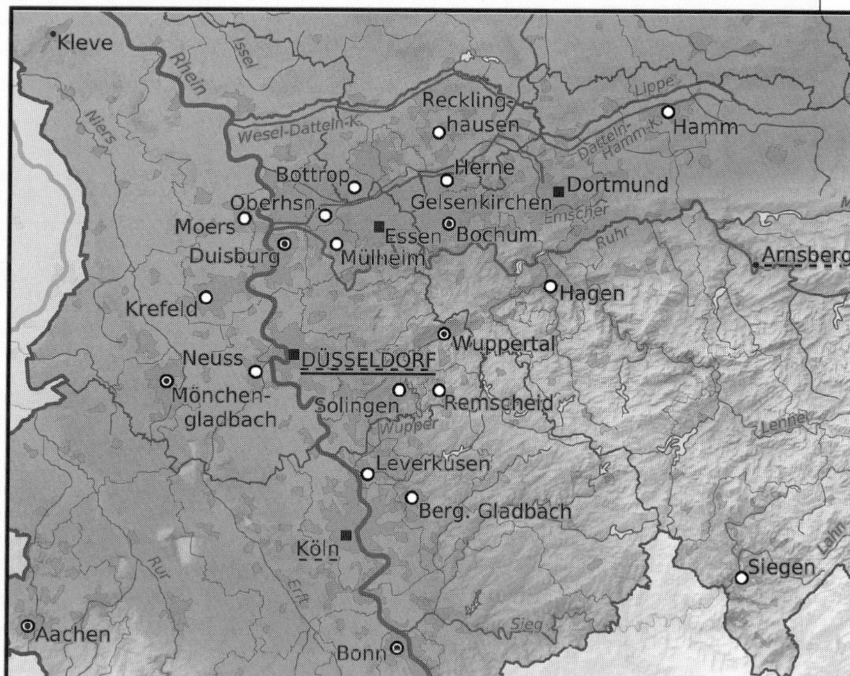

TUBS/wikimedia.org

Deshalb machte sich der Sohn Heinrich auf den Weg von Asbach nach Norden.

Heinrich W. hatte gehört, dass es in der neuen Industrie an Rhein und Ruhr viel Arbeit geben sollte. Einen Beruf hatte Heinrich nicht lernen können, er hatte alles das gelernt, was man auf einem Bauernhof können musste. Als Lohnarbeiter in der Stadt würde er genug verdienen, um wohnen und leben zu können; eine Familie würde er sicher nicht ernähren können.

EA

Aufgabe 1: **a)** *Um welche Daseinsgrundfunktion geht es in diesem Beispiel?*

____

____

b) *In Verbindung mit dieser Daseinsgrundfunktion werden weitere Grundfunktionen möglich. Die Funktionen am Verkehr teilnehmen oder sich erholen sind bestimmt noch nicht so wichtig. Welche anderen sind jetzt noch möglich und wichtig?*

____

____

KOHL VERLAG Der Verlag mit dem Baum
www.kohlverlag.de

VII. Landflucht

c) *Es war nicht Heinrich W. allein, der das Land verließ, um in der Stadt Arbeit zu suchen. Mehr darüber erfährst du, wenn du diese Wörter passend in den Text unten einsetzt:*

Landflucht – Bevölkerung – Lebensbedingungen – Städte – Wanderung – Land – Großstädten – Lebensverhältnisse

Um 1800 lebte nur etwa 3 % der deutschen ________________

in ____________________. Und etwa 75 % lebte auf dem Land.

Aber hier waren die ________________________ nicht immer

einfach. Deshalb zogen viele Menschen vom ____________ in die

____________ und hofften auf bessere ________________________.

Diese ________________ wird als ________________ bezeichnet.

Durch den Zuzug in die Städte kommt es zum Bau neuer Häuser, Straßen und Versorgungseinrichtungen. Die Städte dehnen sich immer weiter aus.

GA

Aufgabe 2: **a)** *Welche Versorgungseinrichtungen kommen mit dem Wachstum der Städte hinzu?*

____

____

____

b) *Das Leben in einer großen Stadt ermöglicht außer • wohnen, • sich versorgen und • arbeiten noch weitere Daseinsgrundfunktionen. Welche sind hier eher möglich oder erforderlich als auf dem Land?*

____

Sozialgeografie – Der Mensch verändert das Gesicht der Erde - Bestell-Nr. 11 021
KOHL VERLAG Der Verlag mit dem Baum
www.kohlverlag.de

VII. Landflucht

c) *In großen Industriestädten ist eine Daseinsgrundfunktion oft nicht oder nur wenig möglich. Welche ist das?*

____

EA

Aufgabe 3: *Lies langsam den folgenden Text. Mache nach jedem Satz eine kurze Pause. Denke mit deinen eigenen Worten, was du verstanden hast.*

Wie Landflucht das Bild der Erde verändert, zeigt das folgende Beispiel. Durch die Industrialisierung im 19. Jahrhundert nahm die Bevölkerung des Ruhrgebietes enorm zu. In diesem Gebiet wurde Kohle gefördert. Die Bergleute in zahlreichen Bergwerken kamen aus dem einheimischen Bauerntum.

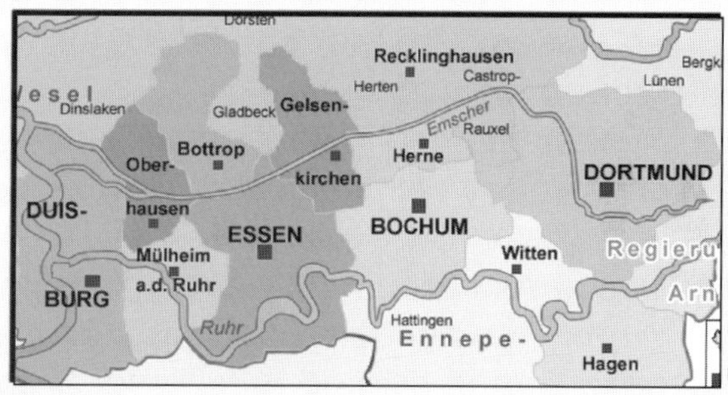

Threedots/Daniel Ullrich/wikimedia.org

Bergleute im Stollen

Für sie war die Arbeit „unter Tage“ mehr eine Nebenbeschäftigung. Wenn auf dem Feld nichts zu tun war, arbeiteten sie auf der Zeche. Diese Arbeiter würden wir heute als Pendler bezeichnen. Als aber die neue Eisenindustrie und der Bergbau enorm wuchsen, genügten die Arbeiter aus der nahen Umgebung nicht mehr.

Von 1830 – 1870 wanderten zahllose Menschen aus Westfalen, dem Westerwald und der Eifel und anderen Landschaften des Rheinlandes und Hessen in das neue Industriegebiet. So wuchsen auch die Städte im Ruhrgebiet.

In Dortmund lebten zu Anfang des 19. Jahrhunderts knapp 3900 Menschen. Heute hat Dortmund mehr als 600 000 Einwohner.

Spielende Kinder vor der Zeche Mansfeld

Foto oben: Bundesarchiv, B 145 Bild-F009709-0003 / Wegmann, Ludwig / CC-BY-SA / wikimedia.org
Foto unten: Bundesarchiv, B 145 Bild-F009346-0008 / Steiner, Egon / CC-BY-SA/ wikimedia.org

VII. Landflucht

EA

Aufgabe 4: *Bei diesem Rätsel wird nicht nur nach Antworten gefragt. Die Fragen enthalten gleichzeitig wichtige Informationen. Fülle die Antworten in das Kreuzworträtsel.*

1. So wird die Wanderung der Menschen vom Land in die Städte bezeichnet.
2. Wie heißt das Gegenteil der Lösung von Nr. 1? Hierbei verließen gut verdienende Familien die Stadt, um sich auf dem Land niederzulassen und das Landleben zu genießen.
3. Um welche Daseinsgrundfunktion geht es bei der Antwort zu Nr. 1?
4. Die Lösung von Nr. 3 gelingt am besten, wenn gleichzeitig eine weitere Daseinsgrundfunktion möglich ist.
5. An diesem Fluss im Westen Deutschlands entstanden im 19. Jahrhundert die großen Industrien.
6. Auch heute noch gibt es eine Landflucht. Einer der Gründe dafür besteht darin, dass immer weniger Personal benötigt wird. In welchem Bereich braucht man immer weniger Personal?
7. Das beruht wiederum auf dem verstärkten Einsatz von ...
8. Wenn man auf dem Land wohnen bleiben und in der Stadt arbeiten möchte, pendelt man hin und her. Dieser Arbeitnehmer wird wie bezeichnet?
9. Wenn mehrere Arbeitnehmer der Lösung aus Nr. 8 den Weg zur Arbeit zusammen zurücklegen, bilden sie eine ...
10. So wurde und wird das damals neue Industriegebiet an Rhein und Ruhr genannt.
11. Aus diesem Gebiet zogen Heinrich W. und viele andere Menschen nach Norden zur Arbeit.
12. Diese Stadt wuchs in kurzer Zeit von 3900 EW auf mehr als 600 000 EW.

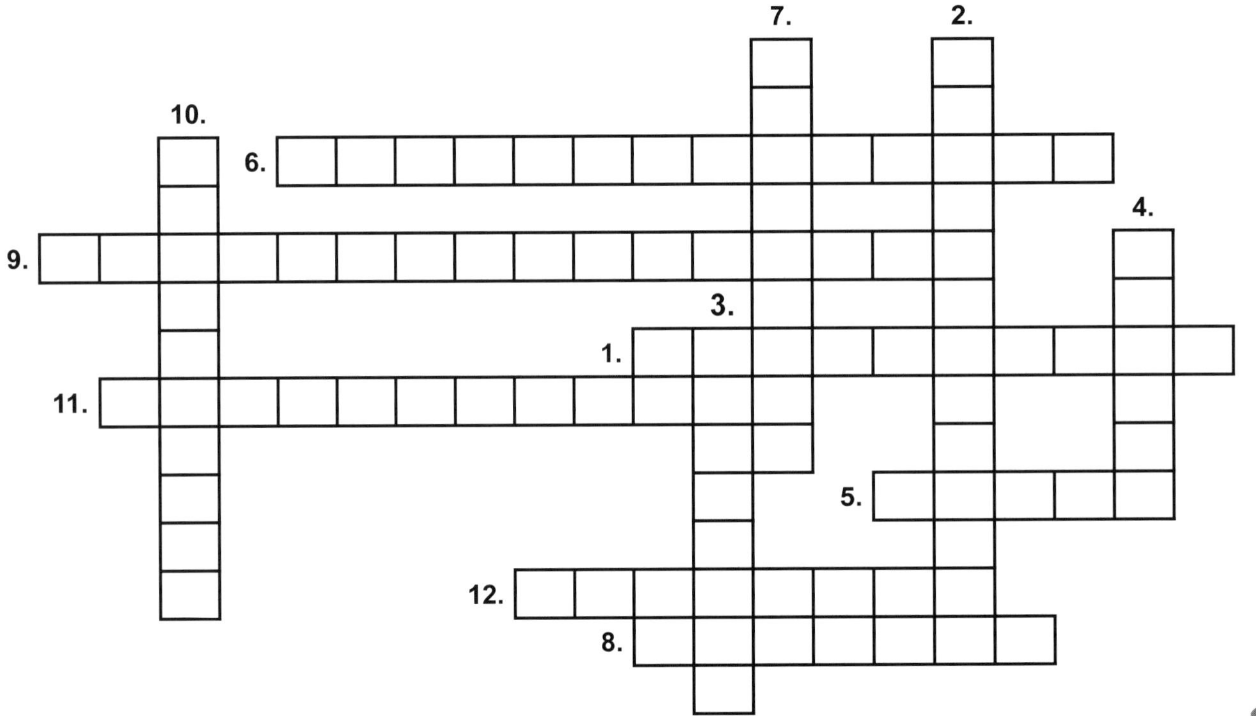

Sozialgeografie – Der Mensch verändert das Gesicht der Erde - Bestell-Nr. 11 021

KOHL VERLAG Der Verlag mit dem Baum www.kohlverlag.de

VIII. Landschaft im Wandel

Die Natur gestaltet das Bild der Erde – wenn die Menschen es zulassen.
Das wurde erheblich anders, nachdem der Mensch eine Technik erfunden hatte, die ihm das Leben erleichterte. Wie das geschah, kannst du im folgenden Text lesen, wenn er vollständig ist.

EA

Aufgabe 1: *Du musst nur noch diese Wörter passend einsetzen:*

Stadtkern – abholzen – Waldgebiet – Getreide – Gebiet – Eisenbahnnetz – bearbeitet – Lage – Vorteile – entsorgen – Gütertransport – Abwasser – Rheinhochwasser – produzierende – chemische – verarbeitende – Bevölkerungszahl – Anbindung – Menschen – Wohnhäuser – Rhein

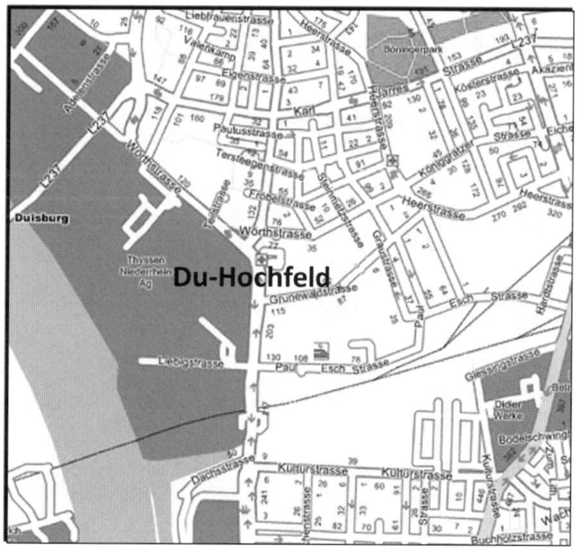

Südwestlich vom ____________ Duisburgs lag früher ein dichtes ______________. In der Mitte des 17. Jahrhunderts ließ die Stadt Wald ______________. Das entstehende Land wurde so ______________ (urbar gemacht), dass man ______________ anbauen konnte. Dieses ______________ wurde „das hohe Feld“ genannt. Es lag zwar direkt am ________, aber durch seine hohe __________ war es vor dem ____________________ geschützt. Die Lage Hochfelds am Rhein hatte auch ______________. Man war mit Wasser versorgt und konnte das __________________ sehr einfach ________________.

Für den _________________ war die Lage Hochfelds direkt am Rhein geradezu ideal. So war es verständlich, dass sich auf dem Hochfeld Stahl _______________ und Stahl _________________ Fabriken und ________________ Betriebe ansiedelten. Hinzu kam die _____________________ an das ____________________.

Mit der wachsenden Industrie entstanden _______________ für die Arbeiter. Die ______________________ nahm stark zu. Im Jahre 1854 wohnten noch 1700 _________________ in Hochfeld, aber 1895 waren es schon 18 400 Menschen.

Sozialgeografie – Der Mensch verändert das Gesicht der Erde - Bestell-Nr. 11 021
KOHL VERLAG Der Verlag mit dem Baum
www.kohlverlag.de

VIII. Landschaft im Wandel

Die Sozialgeografie mit ihren Daseinsgrundfunktionen zeigt dir zweierlei:
Die Daseinsgrundfunktionen beschreiben mit wenigen Begriffen, wie der Mensch geografische Räume und damit sein Leben gestaltet. Er wohnt, arbeitet, oder er versorgt sich.
Sie zeigen aber auch, in welchen Abhängigkeiten der Mensch diese Daseinsgrundfunktionen ausführt. Er ist dabei abhängig vom Klima, vom Wasser oder von anderen natürlichen (erdkundlichen) Gegebenheiten.

EA

Aufgabe 2: **a)** *Damit dir das deutlich wird, sollst du nun beschreiben, wo diese Daseinsgrundfunktionen am Beispiel von Hochfeld erkennbar sind.*

➲ Wohnen: ______________________________

____

➲ Arbeiten: ______________________________

____

➲ Verkehrsteilnahme (Personenverkehr und Güterverkehr):

____

____

➲ Sich versorgen:

____

____

b) *Oben wurde gesagt, dass der Mensch bei der Verwirklichung seiner Daseinsgrundfunktionen von natürlichen/erdkundlichen Gegebenheiten abhängig ist. Dafür wurden im Beispiel Hochfelds zwei Gegebenheiten genannt. Schreibe sie hier auf.*

____

____

____

Sozialgeografie – Der Mensch verändert das Gesicht der Erde - Bestell-Nr. 11 021
KOHL VERLAG Der Verlag mit dem Baum www.kohlverlag.de

VIII. Landschaft im Wandel

Der Duisburger Stadtteil Hochfeld wurde hier stellvertretend für viele ähnliche Entwicklungen gewählt. Hier hat der Mensch im Lauf der Jahre mehrfach das Bild der Erde (in diesem Gebiet) verändert.

wikimedia.org

Isselburger Hütte 1905

- Er holzte den ursprünglichen Wald ab,
- machte das Land urbar und baute Feldfrüchte an.
- Dann wurden Industriebetriebe errichtet, die
- inzwischen fast vollständig abgebaut sind.
- Und nun entsteht ein großes Erholungs- und Wohngebiet.

Damit sind wir bei den Grunddaseinsfunktionen • wohnen und • sich erholen.

Wenn Städte aufgrund des Zuzugs vieler Menschen wachsen, bleibt häufig für Erholungsgebiete nicht mehr viel Platz.
Dann bemühen sich die Städte, die noch vorhandenen Erholungsgebiete (Wald, Seen) zu erhalten.
Manchmal schaffen sie auch neue Anlagen, wie es in Duisburg-Hochfeld (der Rheinpark) geschieht.
Für den Rheinpark ist die Fläche zwischen dem Kultushafen und der Brücke im Norden (nach Rheinhausen, siehe Kartenausschnitt S. 45) vorgesehen. Hier wollen die Duisburger im Sand liegen und die Aussicht auf den Rhein genießen können. Neben weitläufigen Rasenflächen sollen auch Kletterrouten entlang der Mauern des Stahlwerkes entstehen. Weitere Angebote sind ein Skaterpark, Streetball- und Beachvolleyballfelder.
Wer es ruhiger mag, genießt die Aussicht vom alten Wasserturm und seine Gastronomie. Im Inneren des Gebietes sollen auch hochwertige Wohnungen entstehen.

TOPOS Stadtplanung Landschaftsplanung Stadtforschung, Berlin

Harald Lordick / wikimedia.org

Sozialgeografie – Der Mensch verändert das Gesicht der Erde - Bestell-Nr. 11 021
KOHL VERLAG Der Verlag mit dem Baum
www.kohlverlag.de

c) *Was verstehtst du unter „Gastronomie“?*

d) *Welche Daseinsgrundfunktionen erkennst du beim Projekt „Rheinpark“?*

EA

Aufgabe 3: *Welche Möglichkeiten sich zu erholen gibt es in deiner Stadt/Gemeinde?*

EA

Aufgabe 4: *Gibt es in deiner Stadt/Gemeinde ähnliche Veränderungen?*

a) *„Wohngebiete statt Natur“*

b) *Alte Bauten werden abgerissen und es entsteht ein natürliches Erholungsgebiet.*

c) *Die Natur weicht einem Gewerbe-/Industriegebiet.*

Sozialgeografie – Der Mensch verändert das Gesicht der Erde - Bestell-Nr. 11 021
KOHL VERLAG Der Verlag mit dem Baum
www.kohlverlag.de

IX. Talsperren und Stauseen

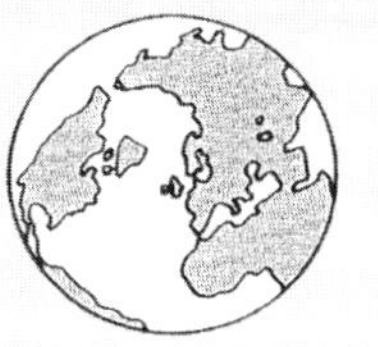

Sich versorgen mit Wasser

Wenn du liest, dass Menschen sich versorgen, denkst du wahrscheinlich zuerst an Speisen und Getränke. Beides ist herstellbar, wenn wir elektrische Energie und Wasser zur Verfügung haben.
Wasser wird nicht nur zur Herstellung von Tee oder Kaffee, oder zum Reinigen und Waschen benötigt. Auch die Industrie und die Gewerbebetriebe brauchen Wasser.
Zur Herstellung von 1 kg Nudeln werden etwa 12–26 Liter Wasser benötigt, zur Herstellung von 1 kg Kunststoff sogar 200–500 Liter.

EA

Aufgabe 1: *Damit dir der Wasserbedarf deutlicher wird, sind hier einige Aufgaben zu bearbeiten.*

Dieter Schütz / pixelio.de

Staumauer Möhnesee

➲ *Du hast sicher schon 1 Paket Zucker in der Hand gehabt. Dieses Paket wiegt 1 Kilogramm (kg). Um diese Menge Zucker herzustellen, werden 5–10 Liter Wasser benötigt. Ein Liter Wasser hat ebenfalls ein Gewicht, ein Liter Wasser wiegt 1 kg.*

➲ *Zur Herstellung von 1 kg Zucker wird demnach die ____________-fache Menge Wasser benötigt.*

➲ *Zur Herstellung von 1 kg Nudeln wird die _____________-fache Menge Wasser benötigt.*

➲ *Zur Herstellung von 1 kg Kunststoff ist es sogar die _____________-fache Menge.*

Dirk Schmidt / pixelio.de

Staumauer Edersee

Sozialgeografie – Der Mensch verändert das Gesicht der Erde - Bestell-Nr. 11 021
KOHL VERLAG Der Verlag mit dem Baum
www.kohlverlag.de

IX. Talsperren und Stauseen

EA

Aufgabe 2: *Um über genügend Wasser verfügen zu können, hat der Mensch wiederum das Gesicht der Erde verändert und Talsperren gebaut.*

Welche Aufgaben haben Talsperren?
Die Antwort erfährst du, wenn du diese Wörter passend einsetzt:

> Menschen – Wasserversorgung – Stauseen – trockenen – Stauseen – Überschwemmungen – versorgt – Talsperren – abgelassen

Die ________________ und die Industrie werden durch Flüsse mit Wasser ________________. Durch die ________________ wird diese ________________ reguliert. Wenn es viel regnet, wird das Wasser in den ________________ gespeichert. So werden ________________ verhindert. Wenn es im ____________ Sommer weniger regnet, kann das Wasser aus den ____________ in die Flüsse ____________ werden.

EA

Aufgabe 3: **a)** *Für diese Aufgabe brauchst du eine Atlaskarte „Deutschland – mittlerer Teil". Auf dieser Karte findest du zwischen dem 51. und 52. Breitengrad und etwa zwischen dem 8. und 9. Längenkreis mehrere Stauseen.*
Suche sie auf der Karte und vervollständige die Namen.

M ________________ B ________________

S ________________ E ________________

b) *In welchen Fluss würden die ersten drei Talsperren ihr Wasser abgeben?*

____

____

Sozialgeografie – Der Mensch verändert das Gesicht der Erde - Bestell-Nr. 11 021
KOHL VERLAG Der Verlag mit dem Baum
www.kohlverlag.de

c) *Manche Gewerbe und Industrien nutzen das Wasser dieses Flusses. Durch welche großen Städte fließt er zum Rhein? Nenne drei Städte.*

In Trockenzeiten kann sogar der Grund des Stausees sichtbar werden.
Wo heute der Edersee ist, hatte man zwischen 1887 und 1890 eine 60 m lange Brücke über den Fluss Eder gebaut. Als dann zwischen 1908 und 1914 die Edertalsperre gebaut wurde, waren die Tage der Brücke gezählt. Bei der Stauseeflutung verschwand die Brücke. Wenn der Edersee aber nur noch wenig Wasser hat, wird die Brücke sichtbar und ist sogar begehbar.

Pierroa / pixelio.de

neue Ederseebrücke

Sich versorgen mit elektrischer Energie

Wenn Wasser eine Turbine und dann einen Generator antreibt, kann das fließende Wasser elektrische Energie erzeugen.

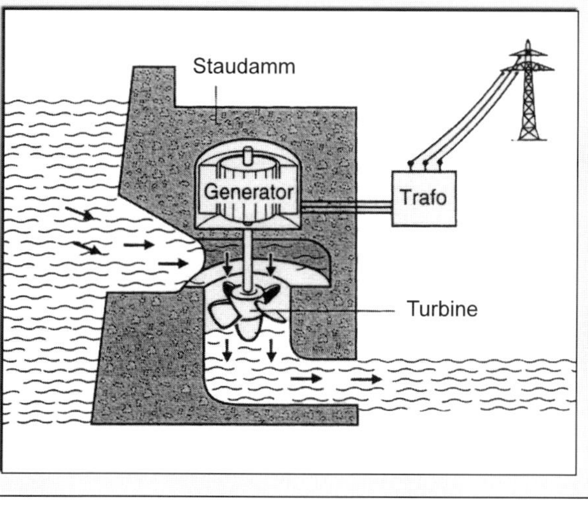

Dirk Schmidt / pixelio.de

Edersee mit Staumauer. Die elektrische Energie wird in dem Gebäude rechts erzeugt.

IX. Talsperren und Stauseen

Sich erholen an und auf den Stauseen

Ein Beispiel:

Die Biggetalsperre wurde in den Jahren 1957 bis 1965 erbaut und dient der Trinkwasserversorgung des Ruhrgebietes.
Für den Bau mussten über 2500 Menschen umgesiedelt werden. Neben der Wasserversorgung sollte auch eine Erholungslandschaft entstehen.
Es gibt viele Freizeiteinrichtungen, die auf die Bedürfnisse der jährlich über 100 000 Besucher zugeschnitten sind.

Personenschifffahrt auf dem Edersee

EA

Aufgabe 4: *Wo es den Touristen möglich ist, sich zu erholen, stellst du mit den Silben zusammen. Die Anfangsbuchstaben sind schon vorgegeben.*

an – bad – Cam – clubs – der – der – fahrt – Frei – ge – ge – gel – gen – la – len – len – nen – Per – ping – plät – Rad – Ru – schiff – schu – schu – Se – so – Surf – Wan – we – we – ze

R________________ C________________

W________________ F________________

R________________ S________________

S________________

P________________

Sozialgeografie – Der Mensch verändert das Gesicht der Erde - Bestell-Nr. 11 021
KOHL VERLAG Der Verlag mit dem Baum www.kohlverlag.de

IX. Talsperren und Stauseen

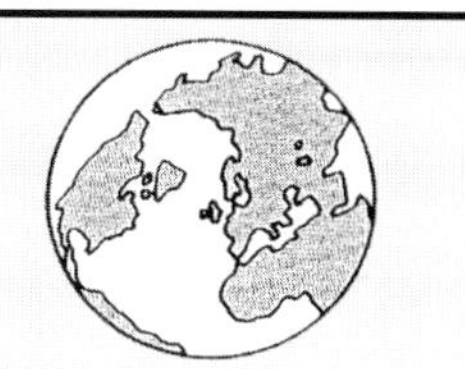

EA

Aufgabe 5: *Das Stausee-Rätsel:*
Beantworte die Fragen und fülle das Kreuzworträtsel richtig aus.

1. So heißt die Mauer, die ein Tal absperrt und das Wasser aufstaut.
2. Und so heißt der so entstandene See.
3. Die Eder fließt in den ...
4. Diese Stadt im Ruhrgebiet wird mit dem Wasser der Ruhr versorgt.
5. Touristen gehen an dem Stausee auf ...
6. 200 – 500 Liter Wasser werden benötigt zur Herstellung von ...
7. Darüber läuft das Wasser des Stausees zur Erzeugung elektrischer Energie ...
8. Und er erzeugt die elektrische Energie/Spannung.
9. Stausee südlich der Stadt Soest.
10. Stauseen dienen der **...**

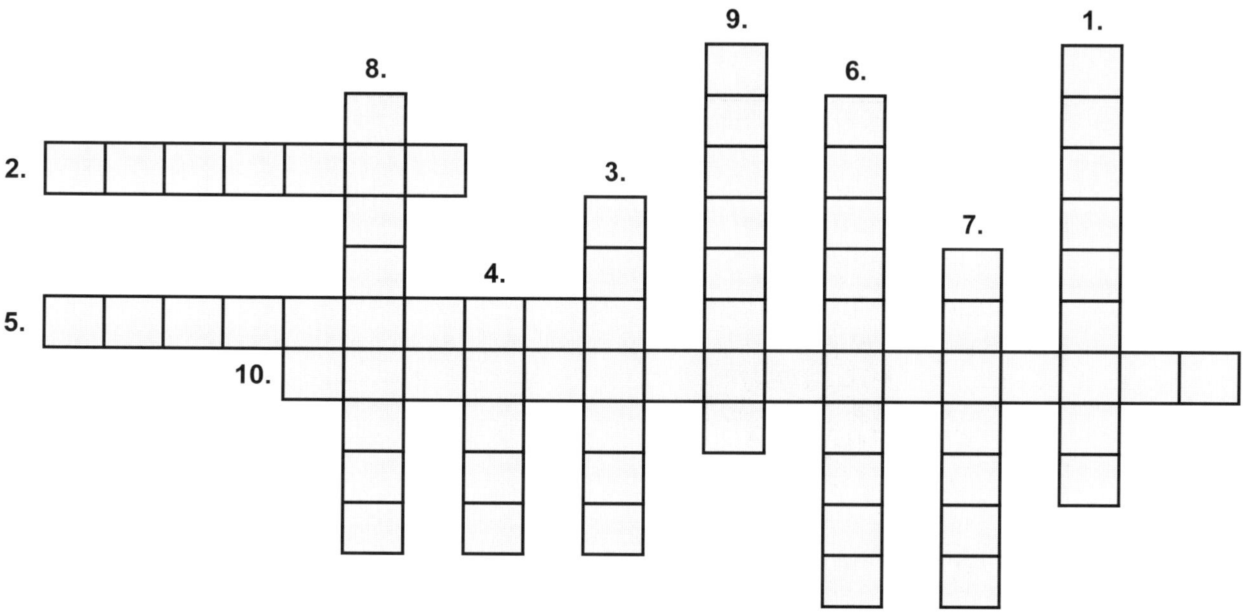

Sozialgeografie – Der Mensch verändert das Gesicht der Erde - Bestell-Nr. 11 021
KOHL VERLAG Der Verlag mit dem Baum
www.kohlverlag.de

X. Daseinsgrundfunktion • am Verkehr teilnehmen

Wenn du diese Überschrift liest, denkst du wahrscheinlich an Reisende, die den Bus, eine Straßenbahn, den Zug oder das Flugzeug benutzen. Aber nicht nur Personen werden transportiert, sondern auch Güter. Die Verkehrs- oder Transportmittel sind für Menschen und Güter oft gleich. Beide benutzen das Straßennetz, das Schienennetz, den Luftweg oder den Wasserweg.
Die Luft und das Wasser gab es schon vor dem Auftreten des Menschen. Aber Wege waren sie nur für die fliegenden und schwimmenden Lebewesen. Vom Menschen gebaut wurden Häfen, Straßen, Schienen und Bahnhöfe. Aber auch ein Wasserweg (der Kanal) wurde künstlich angelegt.

EA

Aufgabe 1: *Du erfährst darüber mehr, wenn du die folgenden Wörter passend einsetzt:*

Grundlage – Entwicklungen – Schrott – Fortschritt – Lebensqualität – Stahlwerk – Binnenschiff – Niederlanden – Polen – Waggons

Eine ________________ für den technischen ________________ und für eine verbesserte ________________________ ist der Stahl. Alle wichtigen technischen ____________________ hätte es ohne den Stahl nicht gegeben. Stahl wird auch aus ______________ gewonnen. Das geschieht z. B. in Lingen/Ems. Hier befindet sich das __________________ jedoch nicht an der Ems, sondern am Dortmund-Ems-Kanal. Der Schrott kommt aus _______________, aus dem Ruhrgebiet oder aus den ______________________. Angeliefert wird der Schrott per LKW, größere Mengen jedoch per Bahn oder mit dem ______________________. Jeden Tag können bis zwei Schiffe mit Schrott entladen werden, oder 20 – 25 _________________.

X. Daseinsgrundfunktion • am Verkehr teilnehmen

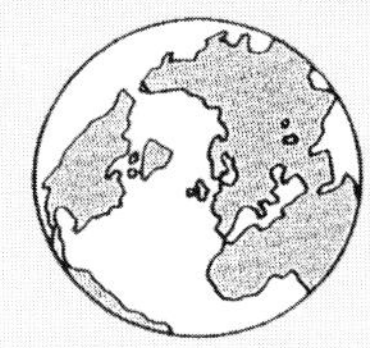

EA

Aufgabe 2: **a)** *Für diese Aufgabe brauchst du die physische Atlaskarte „Deutschland – nördlicher Teil“ (Maßstab 1 : 1 500 000). Suche zuerst die Stadt Lingen an der Ems.*

Schrotttransport auf dem Wasser

Lokitech „CC-by-sa 2.0“/wikimedia.org

b) *Eine Lieferung Schrott soll von Groningen (Niederlande) das Stahlwerk in Lingen erreichen.*

Auf welchen Wasserwegen ist das möglich?

c) *Von Hamm/Westfalen soll Schrott nach Lingen geliefert werden. Zur Zeit stehen LKW nicht zur Verfügung. Welche Möglichkeiten gibt es noch?*

d) *Wie erreicht der Schrott auf dem Wasserweg von Osnabrück das Stahlwerk in Lingen?*

KOHL VERLAG Der Verlag mit dem Baum www.kohlverlag.de Sozialgeografie – Der Mensch verändert das Gesicht der Erde - Bestell-Nr. 11 021

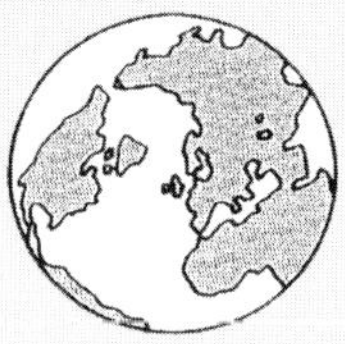

e) *Eine Ladung Schrott soll auf dem Wasserweg von Stettin (Polen) nach Lingen geliefert werden.*
Auf welchen Wasserwegen ist das möglich?

____

____

____

Treideln mit Pferden auf dem Finowkanal

wikimedia.org

EA

Aufgabe 3: *Für uns ist es heute selbstverständlich, dass auf den Flüssen oder Kanälen maschinengetriebene Binnenschiffe fahren. Vorher wurden die Frachtschiffe anders bewegt.*

Diese Wörter fehlen an passender Stelle:

Kanäle – Frachtschiffe – Leine – Leinpfaden – Zugtiere – treideln – Treidelpferden – Uferstraßen – lateinischen

Am Ufer der Flüsse und ____________ hatte man Wege angelegt. Auf diesen Wegen konnten Menschen und ______________ (meist Pferde) die hölzernen ______________ ziehen. Diese Schiffe waren über ein Tau (eine __________) mit den auf den ______________ gehenden ________________ und Treidlern verbunden. Diese Arbeit nannte man ______________.
Dieses Wort kommt aus der ________________ Sprache (tragulare = schleppen).
Es waren die Römer, die das Ufer des Rheins befestigten und ______________ anlegten.

Sozialgeografie – Der Mensch verändert das Gesicht der Erde - Bestell-Nr. 11 021

X. Daseinsgrundfunktion • am Verkehr teilnehmen

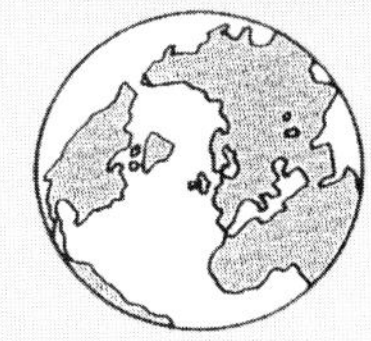

Mittellandkanal, Wasserstraßenkreuz Minden

Cornelius Graetz / wikimedia.org

Ein Kanal ist kein natürlicher Wasserlauf, er wurde von Menschen angelegt. Man unterscheidet Seekanäle und Binnenkanäle. Binnenkanäle dienen der Verkehrsverbindung eines Landes/Gebietes. Sie verbinden schiffbare Seen oder Flüsse miteinander, oder sie verlaufen als Seitenkanäle parallel zu Flüssen.

EA

<u>Aufgabe 4</u>: *Dieses Thema war recht schwierig. Deshalb kannst du es hier mit einem Kreuzworträtsel wiederholen.*

1. Künstlich angelegter Wasserweg.
2. Nenne eine Stadt, die durch einen Stichkanal mit dem Mittellandkanal verbunden ist.
3. Dieser Kanal überquert die Weser.
4. In diesem Betrieb wird Schrott zu Stahl.
5. Dieses Transportmittel fährt auf der Lösung von Nr. 3.
6. Er führt die Pferde, die den Kahn über den Kanal oder über den Fluss ziehen.
7. So heißen diese Zugtiere.
8. Auf diesem Weg arbeitet die Lösung von Nr. 7.
9. Dieser Kanal verbindet ein Industriegebiet oder eine große Stadt mit dem nächsten schiffbaren Wasserweg.
10. Aus diesem Land wird Schrott nach Deutschland (Lingen) geliefert.

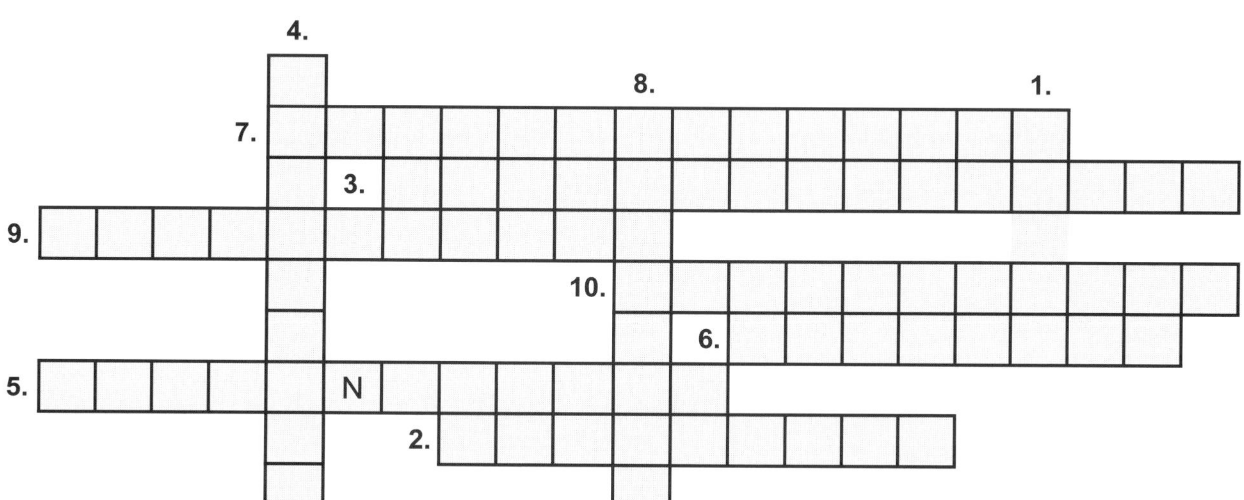

Sozialgeografie – Der Mensch verändert das Gesicht der Erde - Bestell-Nr. 11 021
KOHL VERLAG Der Verlag mit dem Baum www.kohlverlag.de

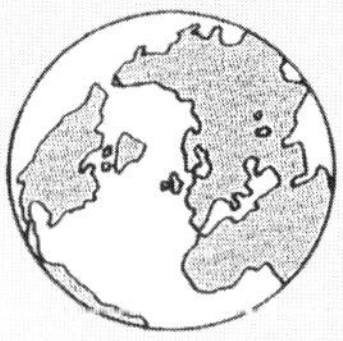

XI. Daseinsgrundfunktion • sich bilden

Wo Menschen wohnen oder arbeiten, entstehen auf der Erde oft große Veränderungen. Industriegebiete, Großstädte, Häfen oder große Pflanzungen werden deutlich sichtbar. Bei der Bildung ist das etwas anders; das Bild der Erde ändert sich nur geringfügig, nur auf einem kleinen Gebiet. Und das auch nur innerhalb einer Stadt oder Gemeinde. Für diese eine Stadt sind nicht nur die Bauten der Bildungseinrichtungen prägend. Die Lernenden wohnen hier, versorgen sich, nehmen am Verkehr teil, arbeiten vielleicht und erholen sich.

Wenn Menschen sich bilden/etwas lernen wollen, müssen sie meist eine dafür geeignete Stelle aufsuchen.

Das war immer schon so. Sollten die Kinder des Bauern melken oder (den Stall) ausmisten lernen, hielten sie sich bei den Ziegen oder im leeren Schweinestall auf. Das ist heute nicht viel anders. Bevor heute eine Berufstätigkeit gelernt wird, müssen alle jungen Menschen eine Schule besuchen.

Martin Marheinecke/pixelio.de

EA

Aufgabe 1: **a)** *In Dörfern oder Stadtteilen gab es kleine einklassige Volksschulen mit den Klassen 1–8. Das blieb nicht so – das kleine alte Schulhaus gibt es nicht mehr. Wie es weiterging, erfährst du aus dem Text – sobald er vollständig ist. Es fehlen nur noch diese Begriffe:*

Klassen – Fuß – Schwimmhalle – Parkplätze – Grünanlagen – Sporthalle – Haltestellen – Pausenhöfe – Ortschaften – Fachräume – Mensa – Schulzentrum – Fahrrad

Aus den kleinen ____________________ werden die Schüler mit Bussen zum ____________________ gefahren. Wenige gehen zu ________ oder sie fahren mit dem ____________________ zur Schule. Das Schulzentrum besteht aus mehreren großen Bauten. Darin sind die ____________ und die __________________ oder sogar eine ________ untergebracht. Auch eine ______________ und eine ________________ befinden sich hier. Die ________________ und __________________ sind großzügig gestaltet. Auf dem Schulgelände sind __________________ für die PKW der Eltern und Lehrer und ____________________ für die Schulbusse.

XI. Daseinsgrundfunktion • sich bilden

b) *Nicht nur von der Bildung war die Rede, sondern noch von einer anderen Daseinsgrundfunktion:*

EA

Aufgabe 2: **a)** *Auch durch Schulbauten wird das Gesicht der Erde verändert – mehr oder weniger. Mehr verändert wird das Bild einer Stadt, sobald eine große Universität entsteht. An einer Universität wie Göttingen studieren etwa 24 000 junge Leute. Sie werden Ärzte, Rechtsanwälte, Lehrer, Physiker oder Chemiker.*

Um das alles und noch viel mehr studieren zu können, sind viele große Bauten erforderlich. Wenn du an die große Zahl der Studierenden denkst, fallen dir sicher weitere Daseinsgrundfunktionen ein. Schreibe sie hier auf.

Was du in der Schule lernst, kann man auch studieren. Dann ist alles aber etwas komplizierter. Hinzu kommen noch weitere Fächer/Bereiche wie z. B. Medizin und Psychologie, Deutsch (Germanistik), Mathematik, Physik, Chemie, Erdkunde (Geografie), Englisch, Religion (Theologie), Sport, Philosophie, Biologie oder Pädagogik.

XI. Daseinsgrundfunktion • sich bilden

a) *Die Kästchen sollen die Institutsgebäude für deinen neuen Stadtplan darstellen, Suche dir von der Seite 59 unten/Seite 60* ***fünf Bereiche/Institute*** *aus. Schreibe dann die Fächer/Bereiche in die Kästchen.*

b) *Du hast nur* ***zwei Wohnheime*** *für Studierende, WH I und WH II.*

c) *Die Universität hat ein schönes* ***altes Gebäude*** *aus der Zeit ihrer Gründung.*

Andreas Praefcke / wikimedia.org

d) *Und weil die Studierenden auch mal preiswert essen wollen, gibt es in deiner Universitätsstadt* ***zwei Mensen*** *(Einzahl = Mensa). Es sind die Mensa I und II. Beschrifte die Kästchen entsprechend.*

e) *Schneide alle Kästchen und die Abbildung aus.*

f) *Klebe das alte Uni-Gebäude in die Parkanlage der Seite 60 ein.*

g) *Die Wohnheime liegen schön am See.*

h) *Die Mensen verteilst du an beiden Enden der Waldstraße.*

i) *In der Waldstraße sollen sich auch drei der Institute befinden.*

j) *Ein weiteres Institut befindet sich an der Bahnhofstraße.*

k) *Zwischen dem Kreuzbergring und der Barfüßer Straße ist dein letztes der fünf Institute.*

KOHL VERLAG Der Verlag mit dem Baum
www.kohlverlag.de

XI. Daseinsgrundfunktion • sich bilden

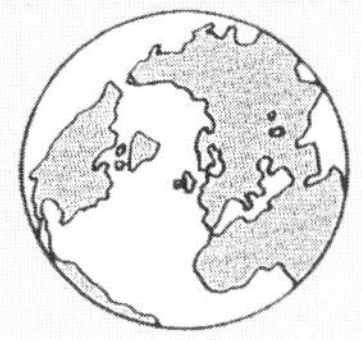

b) *Nicht nur von der Bildung war die Rede, sondern noch von einer anderen Daseinsgrundfunktion:*

____

____

EA

Aufgabe 2: **a)** *Auch durch Schulbauten wird das Gesicht der Erde verändert – mehr oder weniger. Mehr verändert wird das Bild einer Stadt, sobald eine große Universität entsteht. An einer Universität wie Göttingen studieren etwa 24 000 junge Leute. Sie werden Ärzte, Rechtsanwälte, Lehrer, Physiker oder Chemiker.*

Um das alles und noch viel mehr studieren zu können, sind viele große Bauten erforderlich. Wenn du an die große Zahl der Studierenden denkst, fallen dir sicher weitere Daseinsgrundfunktionen ein. Schreibe sie hier auf.

____

____

____

____

____

____

____

____

Was du in der Schule lernst, kann man auch studieren. Dann ist alles aber etwas komplizierter. Hinzu kommen noch weitere Fächer/Bereiche wie z. B. Medizin und Psychologie, Deutsch (Germanistik), Mathematik, Physik, Chemie, Erdkunde (Geografie), Englisch, Religion (Theologie), Sport, Philosophie, Biologie oder Pädagogik.

Sozialgeografie – Der Mensch verändert das Gesicht der Erde - Bestell-Nr. 11 021
KOHL VERLAG Der Verlag mit dem Baum www.kohlverlag.de

XI. Daseinsgrundfunktion • sich bilden

Docsj / wikimedia.org

Klinikum Universität Göttingen

b) *Studiert und geforscht wird natürlich in Gebäuden, selten im Freien (Waldbau, Forstwirtschaft oder Sportwissenschaft). Oft braucht man Labore und in vielen Universitätsstädten gibt es Kliniken (ein Klinikum).*

Du kannst mit den Silben eine Auswahl von Instituten zusammenstellen.

Daniel Schwen / wikimedia.org

Institutsgebäude Mathematik

Ar – bau – beits – Bio – cho – di – fie – Geo – gie – gie – gra – lo – lo – me – Phy – Psy – schaft – sen – sik – Sport – Tier – Wald – wis – zin – zucht

wikimedia.org

Institutsgebäude Psychologische Fakultät

Es gibt (auch) in Göttingen die Institute für:

B ______________________________

Ps ______________________________

S ______________________________

W ______________________________

T ______________________________

P ______________________________

G ______________________________

A ______________________________

Sozialgeografie – Der Mensch verändert das Gesicht der Erde - Bestell-Nr. 11 021

KOHL VERLAG Der Verlag mit dem Baum www.kohlverlag.de

EA

Aufgabe 3: *Erstelle einen Stadtplan für deine eigene Universitätsstadt.*

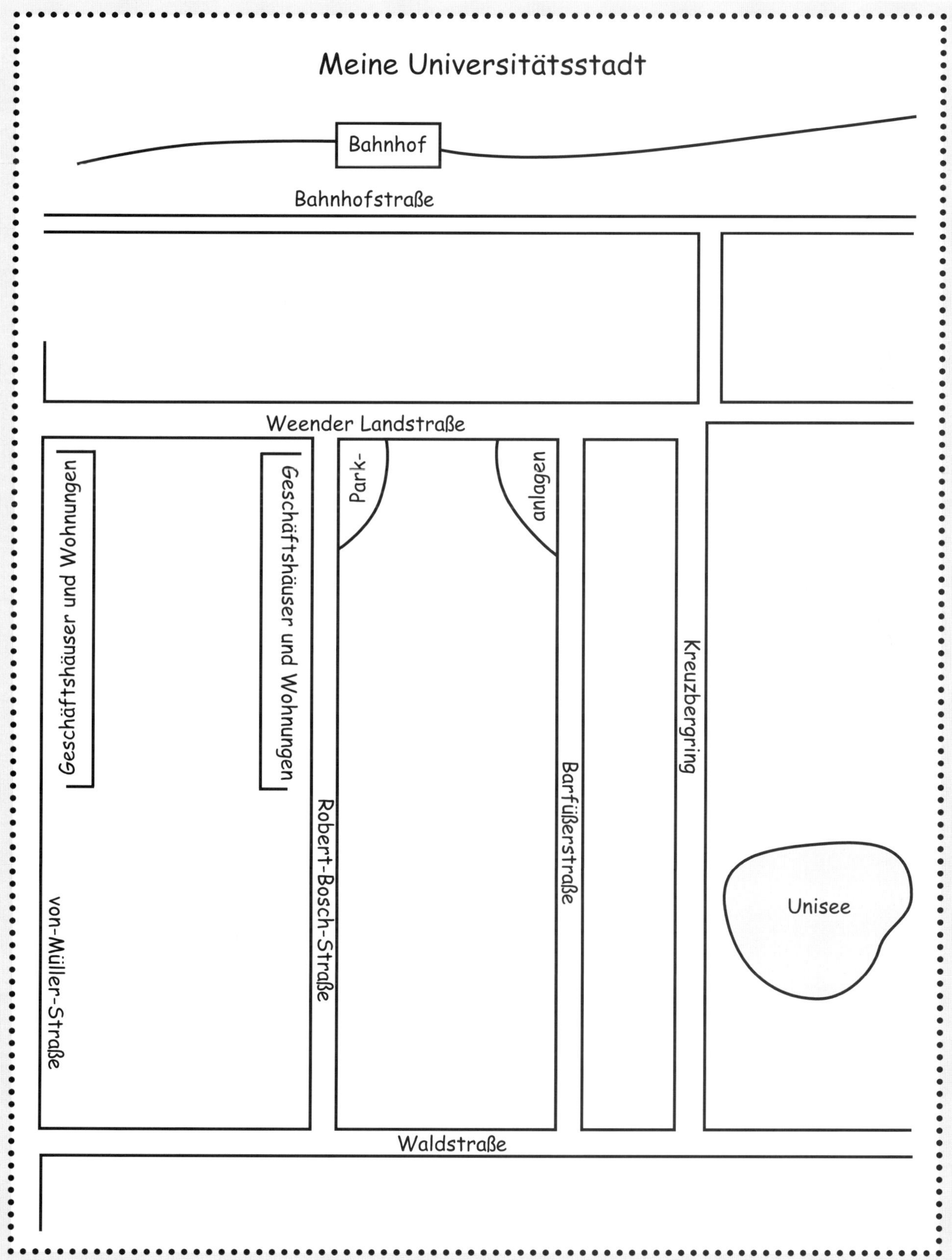

XI. Daseinsgrundfunktion • sich bilden

a) *Die Kästchen sollen die Institutsgebäude für deinen neuen Stadtplan darstellen, Suche dir von der Seite 59 unten/Seite 60* ***fünf Bereiche/Institute*** *aus. Schreibe dann die Fächer/Bereiche in die Kästchen.*

b) *Du hast nur* ***zwei Wohnheime*** *für Studierende, WH I und WH II.*

c) *Die Universität hat ein schönes* ***altes Gebäude*** *aus der Zeit ihrer Gründung.*

Andreas Praefcke / wikimedia.org

d) *Und weil die Studierenden auch mal preiswert essen wollen, gibt es in deiner Universitätsstadt* ***zwei Mensen*** *(Einzahl = Mensa). Es sind die Mensa I und II. Beschrifte die Kästchen entsprechend.*

e) *Schneide alle Kästchen und die Abbildung aus.*

f) *Klebe das alte Uni-Gebäude in die Parkanlage der Seite 60 ein.*

g) *Die Wohnheime liegen schön am See.*

h) *Die Mensen verteilst du an beiden Enden der Waldstraße.*

i) *In der Waldstraße sollen sich auch drei der Institute befinden.*

j) *Ein weiteres Institut befindet sich an der Bahnhofstraße.*

k) *Zwischen dem Kreuzbergring und der Barfüßer Straße ist dein letztes der fünf Institute.*

XII. Das große Abschlussrätsel

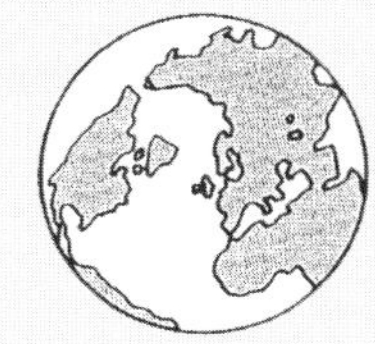

Wenn Schüler ein Thema fertig bearbeitet haben, sollen sie meist beweisen, was sie alles von dem Lernstoff im Gedächtnis behalten haben. Solche Abfragen, Arbeiten oder Tests sind nicht immer erfreulich – und häufig nerven sie und machen Stress.

Das ist hier ganz anders!
Du hast Rätsel vor dir, ...

- ... die Spaß machen und ...
- ... außerdem ein Überlernen ermöglichen. Das ist damit gemeint: Du übst über den Punkt des Wissens und Könnens hinaus. Das gelingt auch mit Rätseln deshalb so gut, weil am sichersten im Gedächtnis bleibt, was mit positiven Gefühlen besetzt ist.

EA

Aufgabe 1: *Löse das **Kreuzworträtsel**. Die Buchstaben in den grau hinterlegten Kästchen ergeben, wenn du alles richtig ausfüllst, ein Lösungswort. Trage es in die Lücke des Satzes unten ein.*

1. Der riesenhafte Sohn in der griechischen Sage heißt so, wie dein Kartenwerk.
2. So heißt der „Gürtel" um die Erde.
3. Er verläuft als gedachte Linie von Pol zu Pol.
4. Anderes Wort für die Erdkugel.
5. So heißt einer der parallel verlaufenden Kreise.

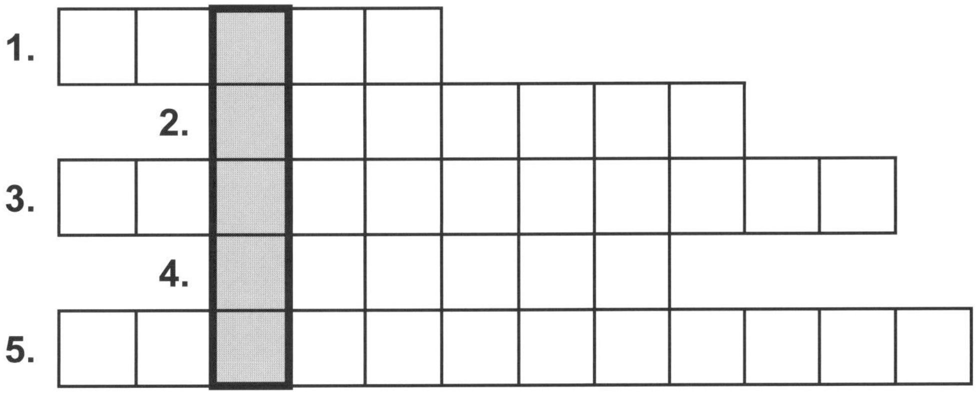

Es gibt eine westliche und östliche ________________ .

Sozialgeografie – Der Mensch verändert das Gesicht der Erde - Bestell-Nr. 11 021
KOHL VERLAG Der Verlag mit dem Baum
www.kohlverlag.de

XII. Das große Abschlussrätsel

EA

Aufgabe 2: *Löse das **Silbenrätsel** anhand der folgenden Silben:*

BIR – FEST – FLACH – GE – GE – GEL – GREN – HALB – IN – IN – KA – KÜS – LAND – LAND – LE – MAL – MEE – NÄ – NOR – NULL – RES – SEL – SEL – SPIE – TE – ZE

a) N.N. bedeutet eigentlich: ______________________

b) Von hier aus wird gemessen: ________________________

c) Landschaft ohne Berge, 0-100 m über N.N.: ______________________

d) Landschaft mit Bergen: ______________________

e) Grenzsaum an Meeren: ______________________

f) Dieser Grenzsaum trennt Meer und ______________________

g) So heißt ein von allen Seiten umgebenes Stück Land: ____________________

h) Sie ist ein Stück Festland, das ins Meer ragt: ______________________

i) So nennt man die Trennungslinie zwischen Staaten: ____________________

j) Mehrzahl der von Menschen gebauten Wasserstraßen: ____________________

EA

Aufgabe 3: *Ein **Bilderrätsel**:*

Gestrichen werden der 3. und 4. Buchstabe.

Gestrichen werden der 1., 3. und 4. Buchstabe.

Gestrichen wird der 1. Buchstabe.

Lösungswort:

							K	R	E		

KOHL VERLAG Der Verlag mit dem Baum www.kohlverlag.de

XII. Das große Abschlussrätsel

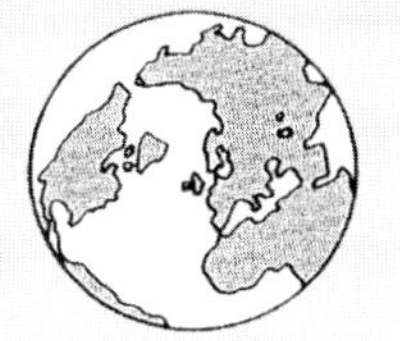

EA

Aufgabe 4: *In diesem Buchstabengitter sind Begriffe enthalten. Du sollst sie nicht nur finden, sondern auch noch entscheiden, wohin sie gehören. Markiere sie im Gitter und ordne sie anschließend in die Tabelle ein.*

K	A	N	A	L	F	I	K	I	P	S
Ü	H	E	R	F	R	N	M	E	E	R
S	C	H	L	E	U	S	E	T	E	F
T	A	W	D	L	D	E	I	C	H	L
E	H	H	M	D	G	L	B	E	R	U
Z	A	D	O	R	F	O	L	Z	A	S
G	F	J	O	K	W	A	L	D	S	S
M	E	E	R	E	S	B	U	C	H	T
E	N	G	E	X	V	S	T	A	D	T
T	H	U	S	T	A	U	S	E	E	D
O	H	A	L	B	I	N	S	E	L	E

Vom Menschen gebaut:	Natürlich entstanden:

EA

Aufgabe 5: *Und zwei weitere **Bilderrätsel**. Hier siedelten die Menschen – und tun es heute noch.*

A

Gestrichen werden der 3. und 4. Buchstabe.

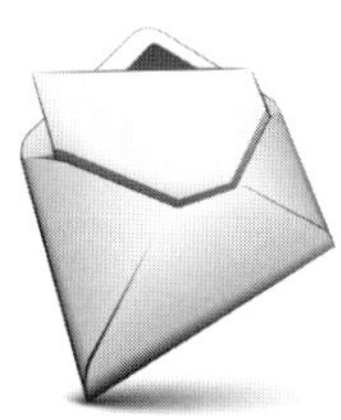

Gestrichen werden der 1., 3. und 4. Buchstabe.

Lösungswort:

B

Gestrichen werden der 1., 2. und 5. Buchstabe.

Gestrichen wird der 1. Buchstabe.

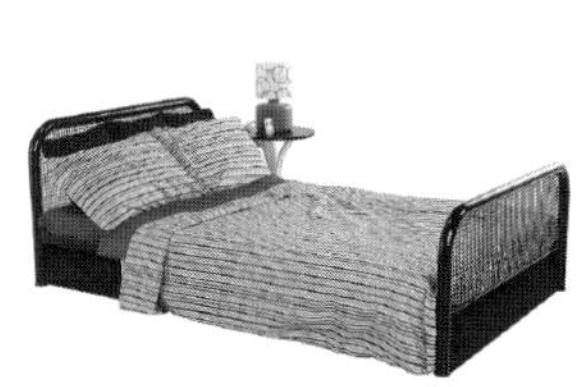

Gestrichen werden der 1., 2. und 3. Buchstabe.

Lösungswort:

Sozialgeografie – Der Mensch verändert das Gesicht der Erde - Bestell-Nr. 11 021
KOHL VERLAG Der Verlag mit dem Baum
www.kohlverlag.de

XIII. Lösungsvorschläge

Kapitel I

1.)
- **b)** Reihenfolge: Nordpol, Südpol, Äquator, nördliche, Erdhalbkugel
- **d)** 30 – 60 – 90
- **e)** 30 – 60 – 90
- **f)** z. B. Ecuador, Kolumbien, Gabun, Kenia, Indonesien
- **g)** z. B. Birma, Indien, Arabien, Sudan, Niger
- **h)** z. B. Australien, Madagaskar, Namibia, Brasilien, Bolivien
- **i)** z. B. Tansania, Zaire, Angola, Brasilien, Peru
- **j)** Argentinien, Chile
- **k)** Darunter steht NORD. Das Wort bedeutet „nördliche Halbkugel".
- **l)** Sie liegt auf Süd 10°, 10. Breitengrad südliche Halbkugel
- **m)** Nördlich des Äquators liegen: Indien (20°), Mexiko (20°), Japan (40°).
  Südlich des Äquators liegen: Peru (10°), Madagaskar (20°).
- **o)** Hier ist die 52 angegeben.
- **p)** Die Linie ist ein Breitenkreis. Es ist der 52. Breitenkreis der nördlichen Erdhalbkugel.
- **q)** Die Städte Bielefeld, Münster und Arnheim liegen auf dem 52. Breitengrad nördlich des Äquators.
- **r)** Karlsruhe – 49. N, Kairo 30. N, Durban 30. S, Nasik 20. N, Valdivia 40. S

2.)
- **a)** Darauf steht die 7.
- **b)** Die Stadt Saarbrücken liegt auf dem 7. Längengrad.
- **e)** Brasilien, Paraguay und Argentinien liegen auf dem 60. Grad w. L.
  Der Iran liegt auf dem 60. Grad ö. L.
- **f)** Türkei, Syrien, Irak, Kenia, Äthiopien
- **g)** Grönland, Brasilien
- **h)** Großbritannien, Frankreich, Algerien, Mali, Spanien
- **i)** Spanien: 0°, Libyen: 20° ö. L., Argentinien: 60° w. L., Mexiko: 100° w. L., Iran 60° ö. L.

Kapitel II

1.)
- **a)** Köln: Stadt, Berlin: Stadt, Stuttgart: Stadt, Steinhuder Meer: See, Kummerower See: See, Chiemsee: See, Langeoog: Insel, Rügen: Insel, Norderney: Insel;
  Seiten im Atlas und Buchstaben/Ziffern je nach Atlas unterschiedliche Angaben
- **b)** Brocken: 1142, Großer Arber: 1456, Großer Beerberg: 982
  Seiten im Atlas und Buchstaben/Ziffern je nach Atlas unterschiedliche Angaben

2.)
- **b)** **H**alle, **M**agdeburg, **O**ldenburg, **W**olfsburg, **M**annheim, **H**eidelberg
- **c)** südöstlich, westlich, nordwestlich, südwestlich, südöstlich, nördlich
- **d)** **S**ardinien, **M**enorca, **Z**ypern, **F**äröer, **S**izilien, **M**enorca, **S**ardinien, **S**hetland **I**nseln

3.)
- **a)** von oben nach unten: 50 m, 250 m, 500 m, 1 km, 2 km, 5 km, 10 km, 25 km
- **b)** Das entspricht einer Luftlinie von ca. 60 km.
- **c)**

Städte	Maßstab der Karte	cm auf der Karte	cm in der Wirklichkeit	Luftlinie in Kilometer
Nürnberg – Regensburg	1 : 1 500 000	6	9 000 000	90
Hamburg – Kiew	1 : 16 000 000	9	144 000 000	1440
Sydney – Brisbane	1 : 36 000 000	2	72 000 000	720
München – Linz	1 : 4 000 000	5	20 000 000	200
Göteborg – Boras	1 : 6 000 000	1	6 000 000	60

Kapitel III

1.)
- **a)** **N**orden, **O**sten, **S**üden, **W**esten
- **h)** Insel, Seiten, Festland, Reihen, Gruppen, landnahen, landfernen
- **j)** Island: Insel, Italien: Halbinsel, Korsika: Insel, Grönland: Insel, Florida: Halbinsel, Kuba: Insel, Südkorea: Halbinsel, Spanien/Portugal: Halbinsel, Griechenland: Halbinsel, Sri Lanka: Insel
- **k)** Monte (Mte.) Rosa: 4634 m – Alpen/Westalpen; Schneeberg: 1051 m – Fichtelgebirge; 842 m – Kahler Asten
  Watzmann: 2713 m – Salzburger Alpen, Ledjanoja: 2562 – Korjakengebirge

XIII. Lösungsvorschläge

Kapitel III

1.) **b) bis i)** und

Kapitel IV

1.) **b), c), e), f), h) und**

2.) **b), c)**

Eintragungen Fantasieland:

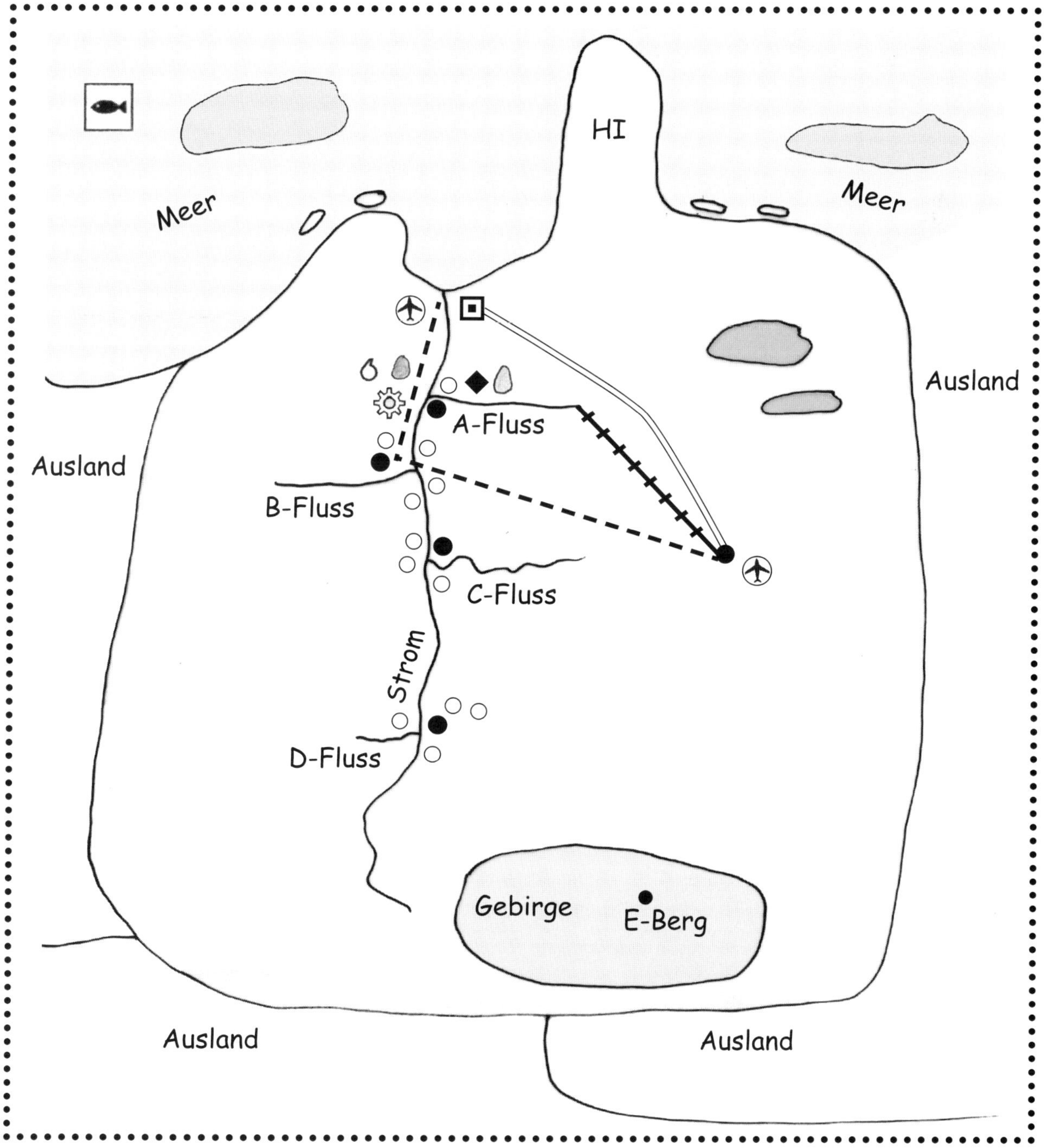

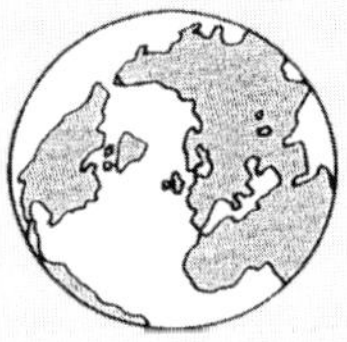

XIII. Lösungsvorschläge

Kapitel IV

1.) **a)** Symbol für Orte über 1 000 000 Einwohner: ■
Symbol für Orte 500 000 bis 1 000 000 Einwohner: ■
Symbol für Orte 100 000 bis 500 000 Einwohner: ●
Symbol für Orte 20 000 bis 100 000 Einwohner: ○
Symbol für Orte unter 20 000 Einwohner: ○

d) Bahn-Symbol: – – – – –
Autobahn-Symbol: ═══

g) Nord-Ostsee-Kanal: SK, Nordsee und Ostsee; Suez-Kanal: SK, Mittelmeer und Rotes Meer
Rhein-Rhone-Kanal: BK, der Fluss Rhone und der Fluss Rhein; Panama-Kanal: SK, Atlantik und Pazifik;
Dortmund-Ems-Kanal: BK, Dormund-Ems-Kanal und Mittellandkanal

2.) **a)** Steinkohleförderung: ◆
Roheisenerzeugung:
Chemische Industrie:
Stahlerzeugung:
Maschinenbau:

d) Das Erz wird auf Binnenschiffe umgeladen. Dann wird auf dem Fluss weiter transportiert.

e) Die Maschinen usw. können auf der Autobahn, mit der Bahn und auf dem Kanal befördert werden.

f) Wein: z. B. Straßburg, Mainz; Obst: z. B. Schwäbische Alb, Straßburg;
Gemüse: z. B. Fränkische Alb, Bayerischer Wald; Hopfen: z.B. bei Nürnberg, Ingolstadt; Raps: z. B. Kiel, Lübeck

g) Münsterland: Gerste, Silomais; Vechta: Mais; Altmark: Kartoffeln; Altes Land: Obst; Magdeburger Börde: Zuckerrüben

i) Symbole:
Bundesstraße: 212 Mischwald: Wiese für Heu: (hellgrün oder mittelgrün)

Weizen: (hellgelb) Zuckerrüben: ▽▽ Kartoffeln: (braun) Maisanbau für Vieh: (blau)

Obstanbau: (rot) Schweinemast: (hellrot) Rinderhaltung: (blau)

Kapitel V

2.) Die Schüler können prinzipiell Folgendes angeben: Das Moor muss erst trocken werden. Dafür müssen wir das Wasser daraus ableiten. Das geht nur, indem wir durch das Moor Gräben ziehen. Dann warten wir, bis das Wasser durch die Gräben abgelaufen ist – in den nächsten Fluss oder Bach. Wir haben aber keine Bagger und keine LKW, wir müssen mit Spaten, Pferd und Wagen arbeiten. Selbst wenn das Moor trockener geworden ist, können wir darauf noch nichts aussäen oder anbauen; Torf ist ja kein Boden und keine Erde, in die man Weizen säen könnte.

3.) **a)** Der Torf ist dunkelbraun bis schwarz und er fühlt sich weich und krümelig an.

4.) **b)** In der Rinne hat sich Wssser gesammelt.
c) Der Sand müsste etwas trockener geworden sein.

6.) **b)** Genthin, Treuenbrietzen, südwestlich von Mattighofen, Worpswede, Westerstede

Kapitel VI

1.) **b)** Inseln von links nach rechts: Texel, Vleland, Terschelling, Ameland
c) Orte oben von links nach rechts: Leeuwarden, Groningen, unten von links nach rechts: Haarlem, Amsterdam, Enschede
e) Der Deich schützt das Land vor dem Meer/der Flut.
f) Es sind die Flüsse Ijssel und Vecht(e).

2.) Das Ijsselmeer hat ständig Zufluss von den Flüssen. Damit keine Überschwemmung/kein Hochwasser verursacht wird, muss es abfließen können. Die Abflüsse müssen am Abschlussdeich sein.

3.) Reihenfolge: Ijsselmeer, Niederländer, teilweise, Deich, Neuland, Teile, Polder, mehrmonatiges, Nordostpolder, Fläche, Zuckerrüben, Winterweizen

4.) Hier ist die Erholung gemeint, die Daseinsgrundfunktion • sich erholen.

XIII. Lösungsvorschläge

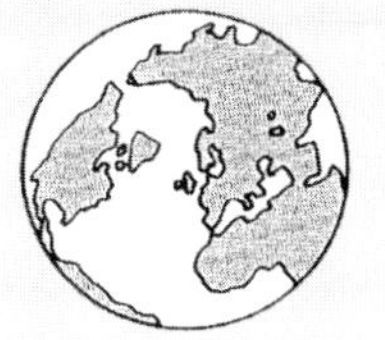

Kapitel VI

5.) **a)** 1. Wie tief ist diese Meeresbucht an der Nordsee?
2. Wie wurde sie von den Einwohnern genannt?
3. Was bedeutet dieser Name?
4. Ab wann entstand dieser Meeresteil?
5. Durch welchen Vorgang wurde das Land abgetragen?
6. Durch welche Ereignisse enstand die Bucht endgültig?
7. Wodurch entstand aus der Zuydersee das Ijsselmeer und weitere Binnenseen?

Kapitel VII

1.) **a)** Es geht zunächst um die Daseinsgrundfunktion • arbeiten.
b) Wichtig sind jetzt • wohnen und • sich versorgen.
c) Reihenfolge: Bevölkerung, Großstädten, Lebensbedingungen, Land, Städte, Lebensverhältnisse, Wanderung, Landflucht

2.) **a)** Gas- und Elektrizitätswerke kommen noch dazu, aber auch Einrichtungen zur Entsorgung von Müll und Abwasser.
b) • Am Verkehr teilnehmen und • sich bilden sind hier eher möglich.
c) • Sich erholen ist weniger gut möglich.

4.) Kreuzworträtsel:

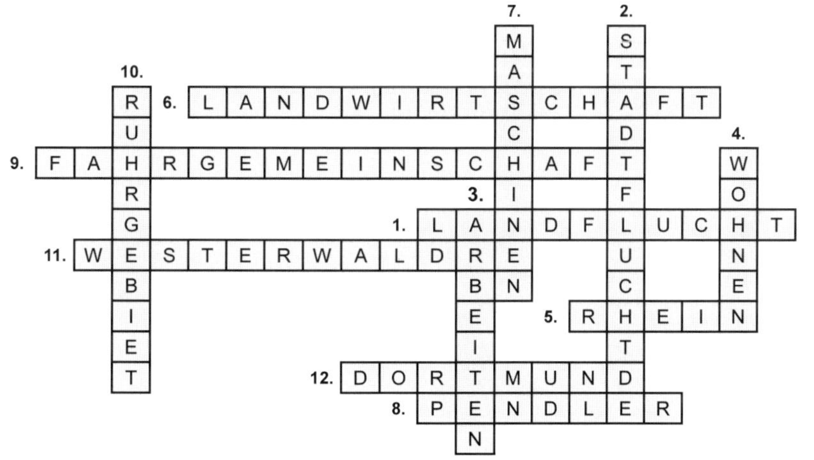

Kapitel VIII

1.) Reihenfolge: Stadtkern, Waldgebiet, abholzen, bearbeitet, Getreide, Gebiet, Rhein, Lage, Rheinhochwasser, Vorteile, Abwasser, entsorgen, Gütertransport, produzierende, verarbeitende, chemische, Anbindung, Eisenbahnnetz, Wohnhäuser, Bevölkerungszahl, Menschen

2.) **a)** • Wohnen: Mit der wachsenden Industrie musste mehr Wohnraum geschaffen werden.
• Arbeiten: Auch die Arbeit nahm dadurch zu. Es wurden viele Arbeiter benötigt.
• Verkehrsteilnahme: Mehr Menschen und größere Räume, mehr Verkehr; mehr Güter = mehr Verkehr auf Straße, Fluss und Schiene
• Immer mehr Menschen versorgen sich mit Nahrung und anderen Produkten.
b) Hochfeld war durch seine höhere Lage am Rhein vor dem Hochwasser geschützt. Außerdem konnte der Fluss/Rhein als „Straße“ genutzt werden, zur Gewinnung von Wasser und zur Entsorgung von Abwasser.
c) Das sind Einrichtungen, in denen Gäste einkehren und essen, trinken, sich unterhalten ...
d) • Sich erholen, • wohnen und • arbeiten (Gastronomie)

3.) individuelle Eintragungen

4.) **a), b), c)** individuelle Eintragungen

KOHL VERLAG Der Verlag mit dem Baum www.kohlverlag.de

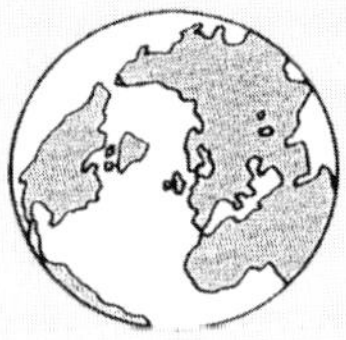

XIII. Lösungsvorschläge

Kapitel IX

1.) Zur Herstellung von 1 kg Zucker wird die 5–10-fache Menge Wasser benötigt.
Zur Herstellung von 1 kg Nudeln wird die 12–26-fache Menge Wasser benötigt.
Zur Herstellung von 1 kg Kunststoff ist es sogar die 200–500-fache Menge Wasser.

2.) Reihenfolge: Menschen, versorgt, Talsperren, Wasserversorgung, Stauseen, Überschwemmungen, trockenen, Stauseen, abgelassen

3.)
a) **M**öhnesee, **B**iggestausee, **S**orpesee, **E**dersee
b) Sie geben ihr Wasser in die Ruhr ab.
c) Die Ruhr fließt durch Witten, Essen, Duisburg bzw. nahe an diesen Städten vorbei in den Rhein.

4.) **R**uderclubs, **C**ampingplätze, **W**anderwege, **F**reibadanlagen, **R**adwege, **S**urfschulen, **S**egelschulen, **P**ersonenschifffahrt

5.) Kreuzworträtsel:

												9.						1.		
						8.						M		6.				S		
						G						Ö		K				T		
2.	S	T	A	U	S	E	E			3.		H		U				A		
						N				E		N		N		7.		U		
						E		4.		D		E		S		T		M		
5.	W	A	N	D	E	R	W	E	G	E		S		T		U		A		
				10.	W	A	S	S	E	R	V	E	R	S	O	R	G	U	N	G
						T		S		S		E		T		B		E		
						O		E		E				O		I		R		
						R		N		E				F		N				
														F		E				

Kapitel X

1.) <u>Reihenfolge</u>: Grundlage, Fortschritt, Lebensqualität, Entwicklungen, Schrott, Stahlwerk, Polen, Niederlanden, Binnenschiff, Waggons

2.)
b) Auf dem Kanal von Groningen bis Delfzijl ist das möglich. Von hier über die Ems und den Dortmund-Ems-Kanal nach Lingen.
c) Von Hamm mit der Bahn nach Lingen, oder über den Wesel-Datteln-Kanal in den Dortmund-Ems-Kanal nach Lingen.
d) Zunächst über einen kleinen Stichkanal in den Mittellandkanal und dann über den Dortmund-Ems-Kanal nach Lingen.
e) Oder, Oder-Havel-Kanal, Havel, Elbe-Havel-Kanal, Mittelland-Kanal, Dortmund-Ems-Kanal

3.) Reihenfolge: Kanäle, Zugtiere, Frachtschiffe, Leine, Leinpfaden, Treidelpferden, treideln, lateinischen, Uferstraßen

4.) Kreuzworträtsel:

					4.																
					S						8.							1.			
				7.	T	R	E	I	D	E	L	P	F	E	R	D	E	K			
					A	3.	M	I	T	T	E	L	L	A	N	D	K	A	N	A	L
9.	S	T	I	C	H	K	A	N	A	L	I							N			
					L					10.	N	I	E	D	E	R	L	A	N	D	E
					W						P	6.	T	R	E	I	D	L	E	R	
5.	B	I	N	N	E	N	S	C	H	I	F	F									
					R		2.	O	S	N	A	B	R	Ü	C	K					
					K						D										

Sozialgeografie – Der Mensch verändert das Gesicht der Erde - Bestell-Nr. 11 021
KOHL VERLAG Der Verlag mit dem Baum
www.kohlverlag.de

XIII. Lösungsvorschläge

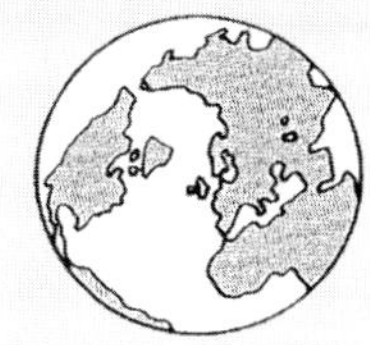

Kapitel XI

1.) **a)** Reihenfolge: Ortschaften, Schulzentrum, Fuß, Fahrrad, Klassen, Fachräume, Mensa, Sporthalle, Schwimmhalle, Pausenhöfe, Grünanlagen, Parkplätze, Haltestellen

b) Zu Fuß, mit dem Fahrrad oder mit der Bahn – all das bedeutet • am Verkehr teilnehmen.

2.) **a)** Die vielen Studierenden müssen wohnen und am Verkehr teilnehmen und sich versorgen. Vielleicht arbeiten sie auch, um das Studium zu finanzieren. Sie erholen sich in ihrer Freizeit.

b) **B**iologie, **Ps**ychologie, **S**portwissenschaft, **W**aldbau, **T**ierzucht, **P**hysik, **G**eografie, **A**rbeitsmedizin

3.) Beispiel „Meine Universitätsstadt“:

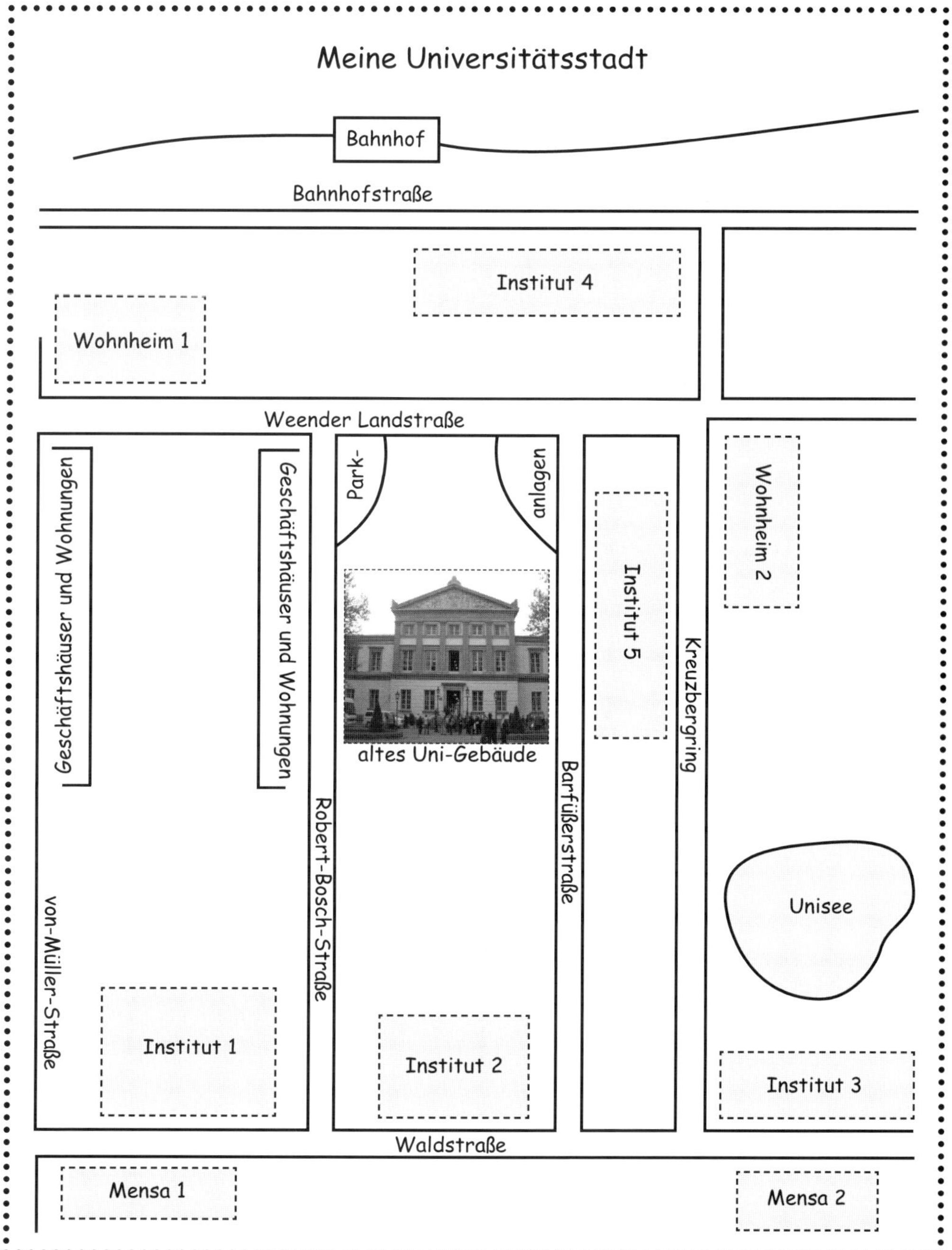

Sozialgeografie – Der Mensch verändert das Gesicht der Erde - Bestell-Nr. 11 021
KOHL VERLAG Der Verlag mit dem Baum
www.kohlverlag.de

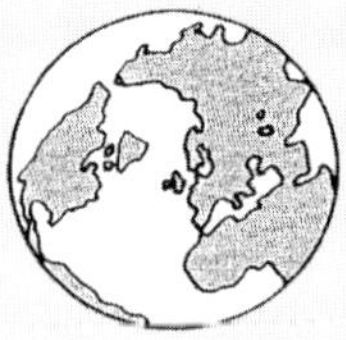

XIII. Lösungsvorschläge

Kapitel XII

1.)

1.	A	T	L	A	S							
		2.	Ä	Q	U	A	T	O	R			
3.	L	Ä	N	G	E	N	K	R	E	I	S	
		4.	G	L	O	B	U	S				
5.	B	R	E	I	T	E	N	K	R	E	I	S

2.) **a)** Normalnull; **b)** Meeresspiegel; **c)** Flachland; **d)** Gebirge; **e)** Küste; **f)** Festland; **g)** Insel; **h)** Halbinsel; **i)** Grenze; **j)** Kanäle

3.) <u>Lösungswort</u>: Breitenkreis

4.)

K	A	N	A	L	F	I	K	I	P	S
Ü	H	E	R	F	R	N	M	E	E	R
S	C	H	L	E	U	S	E	T	E	F
T	A	W	D	L	D	E	I	C	H	L
E	H	H	M	D	G	L	B	E	R	U
Z	A	D	O	R	F	O	L	Z	A	S
G	F	J	O	K	W	A	L	D	S	S
M	E	E	R	E	S	B	U	C	H	T
E	N	G	E	X	V	S	T	A	D	T
T	H	U	S	T	A	U	S	E	E	D
O	H	A	L	B	I	N	S	E	L	E

Vom Menschen gebaut:	Natürlich entstanden:
Kanal	Fluss
Hafen	Meer
Dorf	Wald
Stadt	Insel
Deich	Halbinsel
Schleuse	Moor
Stausee	Küste
Feld	Meeresbucht

5.) **A** = Dorf
B = Stadt

KOHL VERLAG Der Verlag mit dem Baum www.kohlverlag.de